Yvan Bourgnon
En collaboration avec Christian Bex

Gladiateur des mers

Arthaud

87, quai Panhard-et-Levassor
75647 Paris Cedex 13

ISBN : 978-2-0813-3116-7

À mon frère Laurent.

Je te dédie ce livre, Laurent, toi qui m'as accompagné par la pensée tout au long de ce tour du monde. Malgré la distance, nos liens ne se sont jamais relâchés. Cette aventure victorieuse est le résultat de tout ce que nous avons construit ensemble : sans toi, je ne l'aurais jamais entreprise.

Je t'aime et je sais que la mer continue de prendre soin de toi.

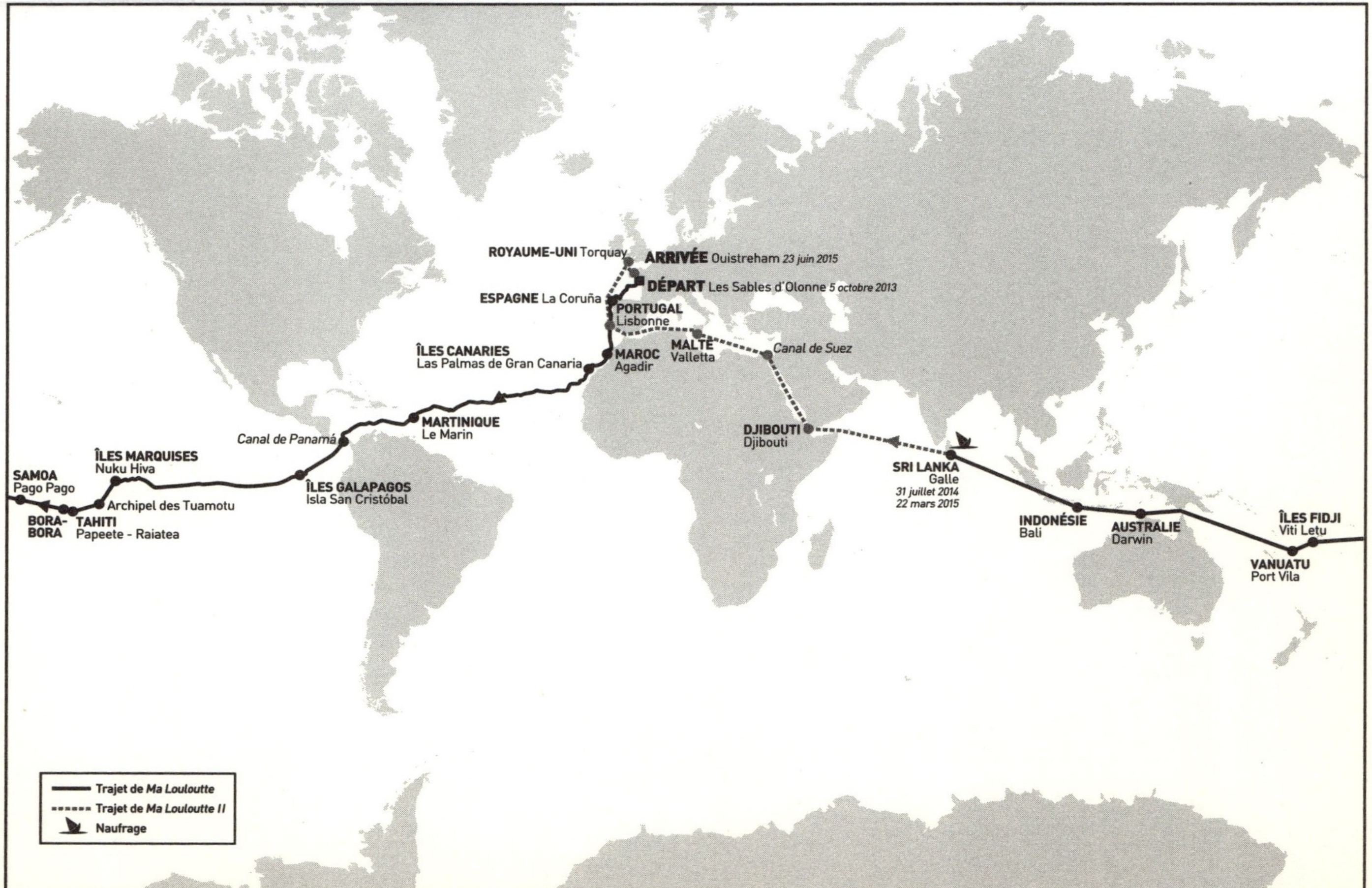
ROYAUME-UNI Torquay
ARRIVÉE Ouistreham 23 juin 2015
DÉPART Les Sables d'Olonne 5 octobre 2013
ESPAGNE La Coruña
PORTUGAL
Lisbonne
ÎLES CANARIES
Las Palmas de Gran Canaria
MAROC
Agadir
MALTE
Valletta
Canal de Suez
MARTINIQUE
Le Marin
Canal de Panamá
DJIBOUTI
Djibouti
ÎLES MARQUISES
Nuku Hiva
SAMOA
Pago Pago
ÎLES GALAPAGOS
Isla San Cristóbal
SRI LANKA
Galle
31 juillet 2014
22 mars 2015
Archipel des Tuamotu
BORA-BORA
TAHITI
Papeete - Raiatea
INDONÉSIE
Bali
AUSTRALIE
Darwin
ÎLES FIDJI
Viti Letu
VANUATU
Port Vila
Trajet de *Ma Louloutte*
Trajet de *Ma Louloutte II*
Naufrage

1

Réveil brutal

Un craquement terrible résonne dans la nuit, me tirant brutalement du sommeil comateux dans lequel j'ai un instant sombré. Face à l'énormité de ce qui vient de se produire, je me mets à hurler, sangloter et jurer tout à la fois. Je ne peux pas croire ce qui est arrivé ! Je hoquette de rage et de dépit en me tenant la tête à deux mains :

« C'est pas vrai ! C'est pas possible, putain ! Je m'endors à peine cinq minutes et voilà, je m'échoue comme un con ! Cinq minutes et je me mets sur les cailloux ! »

Nous sommes le 31 juillet 2014 et je viens de désintégrer mon bateau sur une plage du Sri Lanka. Moi, Yvan Bourgnon, navigateur professionnel depuis plus de vingt ans ! Je gémis lamentablement, au comble du désespoir. Le bilan aurait pu être pire, c'est vrai, j'aurais pu y laisser la vie, mais voir mon bateau désarticulé, réduit en bouillie, me fait un mal de chien. J'ai tué mon bébé…

Comment expliquer ce qui vient de se produire ? J'étais dans un état de fatigue extrême. Pris dans la mousson, je n'avais pas dormi depuis quatre jours, je n'en pouvais plus.

Parti de Bali le 12 juillet, j'avais comme objectif une escale aux Maldives, soit 2 700 milles[1] plus loin. Je me battais tout seul, sur mon petit catamaran de 6,30 mètres. Je l'avais voulu sans protection ni confort, rapide et plus que spartiate. C'est un prototype hyperrésistant, très proche d'un simple engin de plage. Pas un coin à bord pour s'abriter du vent, des embruns et des paquets de mer, pas d'abri fermé. Le pont n'est rien d'autre qu'un trampoline, comme sur un Hobie Cat. C'est extrême – pour ne pas dire limite –, mais c'était mon choix, comme on dit. L'océan Indien se dressait devant moi avec sa tête des mauvais jours, les vents soufflaient sans répit à plus de 35 nœuds[2], et les creux des vagues atteignaient 4 mètres en permanence. Sur les flotteurs du petit multicoque au ras de l'eau, la sensation était impressionnante. Les coques cognaient dans les lames, j'étais rincé comme dans une machine à laver : impossible de fermer l'œil. La vie était infernale ! Les yeux rougis par le sel et le manque de sommeil, la tête de plus en plus lourde, je fatiguais et le bateau aussi. La route devenait un calvaire. J'avais déjà dû monter en tête de mât pour réparer des haubans qui menaçaient de lâcher. Une manœuvre dangereuse qui avait vampirisé mes forces. Je devais me rendre à l'évidence : à ce stade de la traversée, je ne pouvais plus tenir ma route. Le vent nous faisait trop souffrir, le bateau et moi. Afin de ménager ma monture, je devais faire un choix : j'ai donc décidé de laisser le vent m'emporter. Il soufflait vers le Sri Lanka :

« Va pour le Sri Lanka ! C'est là que "nous nous en allerons dès que les vents tourneront". "C'est pas l'homme qui prend la mer, c'est la mer qui prend l'homme" : c'est bien vrai ! »

---

1. Un mille vaut 1 852 mètres.
2. Un nœud équivaut à un mille par heure.

J'ai donc mis le cap sur le sud-ouest de la côte srilankaise et le port de Galle. Au fil des heures et des jours, la fatigue s'épaississait couche par couche. Pourtant la délivrance approchait. Elle prenait la forme d'un infime trait : la côte grisâtre qui se profilait à l'horizon. Comme souvent à l'approche des côtes, le vent s'était calmé et la mer apaisée. Il était temps, je n'en pouvais plus. Dormir, dormir, mon royaume pour un lit. Plus rien d'autre ne comptait pour moi ; ça devenait une obsession. Ma lucidité était altérée, j'étais en proie à des hallucinations et tenais des conversations avec des équipiers fantômes. Pour arrêter ce délire, il fallait que je dorme, à tout prix. Je savais qu'en vue de la terre, c'était dangereux, mais je piquais du nez. Et puis peu importait l'heure d'arrivée, je n'étais pas parti pour battre un record. C'était mon défi, mon histoire personnelle : je m'étais fixé la mission de boucler un tour du monde « à l'ancienne », seul sur mon bateau volontairement dépouillé.

Sans plus tergiverser, j'ai remis le cap vers le large et branché le pilote automatique. L'avenir allait vite montrer que ce n'était pas une bonne idée. Je me suis sanglé sur une des deux « étagères » – les deux petites plates-formes fixées sur chaque flotteur comme des ailes – et me suis endormi comme une masse.

Le réveil est brutal et mon désarroi total. Je suis éjecté du bateau dans la nuit noire. Le voilier me passe dessus, roule sur moi. Je ne comprends rien à ce qui m'arrive, je ne sais pas où je suis ni qui je suis, je ne vois rien dans l'obscurité. L'horreur intégrale. Je lutte dans l'eau bouillonnante, l'instinct de survie chevillé au corps. Sortir la tête de l'eau, respirer, respirer, ne pas se laisser couler, ne pas se laisser entraîner. Le ressac me fait tourbillonner dans tous les sens. Je ne distingue plus l'envers de l'endroit. Je suis piégé dans un spot de surf, avec des vagues monstrueuses, mais ça c'est trop tôt pour le savoir. Le bateau, pris de folie, me repasse dessus. J'essaie de remonter à bord, sur la plate-forme d'où j'ai été éjecté. Je me blesse les mains sur les haubans en me hissant avec l'énergie du désespoir. J'avale des litres d'eau de mer, je me noie. Je me dis que c'est la fin, que je vais mourir là, sans savoir où ni pourquoi. Terminus !

Plongée dans l'apocalypse… Une vague d'une violence inouïe précipite le bateau contre les rochers et le fracasse. Enfoui sous une avalanche d'eau et de débris, à l'aveugle, je parviens à sauter sur les énormes rochers. C'est certainement à ce réflexe que je dois mon salut. Hormis quelques coupures et ecchymoses, je suis indemne : un miracle ! Choqué, trempé, je me rends compte que je viens d'échapper à la mort.

Je reprends peu à peu mes esprits et me demande si ce que je vis est bien réel. Ai-je rêvé ? Suis-je en plein cauchemar ? Devant l'ampleur des dégâts, hélas, pas besoin de me pincer. Le bateau est détruit, aucune réparation n'est possible. Mon cœur est déchiré, je me suis attelé depuis cinq longues années à la réalisation de ce défi : le défi de ma vie.

J'ai caressé l'idée de faire le tour du monde à la voile, mais pas n'importe comment. Tout le monde ou presque en fait dans tous les sens, à l'endroit, à l'envers, en record, en course, en monocoque ou en multicoque, en solitaire ou en équipage : moi je voulais autre chose. Après avoir couru sur de grands trimarans avec mon frère Laurent – le double vainqueur de la Route du Rhum, avec qui j'ai notamment remporté la Transat Jacques-Vabre en double en 1997 – ou disputé des transats en solitaire avec mes propres grands bateaux, je me suis dit que ce serait un vrai challenge de partir sur un petit bateau sans contraintes techniques et sans gros budget. Je désirais relever un défi « un cran au-dessus ». Mon envie était simple et tenace : boucler un tour du monde sans concession où le dépassement de soi se vivrait au quotidien. Je voulais aussi retrouver les plaisirs de la glisse sur l'eau et des rencontres aux escales.

Mais j'avais également une motivation plus secrète : revivre le tour du monde accompli avec mes parents lorsque nous étions enfants mon frère et moi. Mon père avait construit son bateau lui-même – c'était très à la mode dans les années 1980 chez les « tourdumondistes » qui quittaient tout pour partir en famille naviguer sur les mers, chaudes de préférence. Je vivais cela comme un appel irrépressible : revenir vers les lieux où nous avions été heureux, et plus précisément dans le Pacifique qui m'avait laissé un souvenir inoubliable.

Il est donc impossible que mon aventure s'arrête là, sur cette plage désolée du Sri Lanka !

Pas question de baisser les bras. J'ai parcouru 20 000 milles depuis le départ des Sables-d'Olonne, et il ne m'en reste que 5 000 pour boucler la boucle. Après avoir dévalé tous les océans, pas question de caler. Ce sont les idées qui me traversent la tête par bribes au milieu de ma mauvaise fortune. Pataugeant sur le sable dans le ressac, je commence à récupérer les morceaux encore utilisables. Des winches, des poulies, les pilotes, des vêtements, des voiles, même les fameuses « étagères », tout est fourré dans de grands sacs. Il faut sauver le plus de matériel possible pour pouvoir repartir. Pour s'inscrire dans la continuité, le nouveau départ doit obligatoirement se faire de l'endroit où la chevauchée a été interrompue, c'est-à-dire du Sri Lanka.

La vue de la plage me rend encore plus amer. Elle est longue et sableuse sauf en son milieu où se dresse un bloc de rochers. J'aurais été drossé à gauche ou à droite de ce bloc, je me serais échoué sur du sable qui aurait joué un rôle d'amortisseur. Les dégâts auraient été moins graves. La double peine me terrasse, les deux épaules à terre. D'ailleurs je ne m'explique pas bien comment j'ai pu me retrouver là. Le pilote automatique bloqué vers le large a-t-il décroché, ou ai-je heurté un bouton de réglage du pilote sans le vouloir en dormant ? Le mystère reste entier…

La fortune de mer est cruelle. Je ramasse tant bien que mal les débris de mon bateau et les entasse sur un bout de plage. Ce travail de fourmi m'aide à ne pas trop réfléchir.

Je croyais être seul lorsque deux flics, flingue à la main, me tombent subitement dessus. Mon manège n'est pas passé inaperçu : la maréchaussée locale a été prévenue par un pêcheur. L'arrestation se déroule tambour battant. Je suis embarqué dans un pick-up bâché non fermé. À bord est déjà assis un suspect ; le troisième policier s'est endormi sur la banquette, sa mitraillette à ses pieds. L'homme arrêté aurait pu s'évader sans coup férir, mais il attend tranquillement. La route jusqu'au commissariat de Matara prend une bonne heure. D'autres prisonniers attendent dans les locaux, attachés par des menottes aux barreaux. Pendant l'interrogatoire que je ne tarde pas à subir, je m'endors à chaque temps mort. La fatigue ressurgit par bouffées. Ne comprenant pas la langue locale, je réclame un interprète en anglais. Un prisonnier se porte volontaire, il est sorti de sa cellule. Toujours ça de gagné pour lui. Les policiers croient au crash d'un petit avion et me prennent pour un trafiquant de drogue. J'ai beau répéter que je suis un naufragé, rien n'y fait. Du coup, direction une cellule à mon tour, en attendant l'arrivée du grand chef qui se pointe deux heures plus tard. Un dialogue de sourds s'installe entre nous. Le chef réclame mon visa ; bien évidemment je n'en ai plus, il est au fond de l'eau. L'ambassade de Suisse – puisque c'est ma nationalité de naissance – est enfin jointe par la police très soupçonneuse. Je parviens également à engager un agent maritime du cru pour débrouiller l'affaire, mais ça traîne. Mon bateau d'assistance, un monocoque de 17 mètres skippé par Jacques Vincent, marin renommé des courses autour du monde, est arrivé lui aussi. Il a besoin de réparations et l'agent le fait passer avant. Je reste en cage à ronger mon frein. Enfin l'agent me rejoint, tel Zorro. Avec l'équivalent en roupies de 20 euros, il débloque la situation. Les policiers reconnaissent mon nouveau statut de naufragé, je ne suis plus un trafiquant de drogue. Nous nous quittons les meilleurs amis du monde. Ils viennent tous me saluer en sortant du commissariat comme si j'étais un vieux copain.

« Vous êtes ici chez vous, me disent-ils. Revenez quand vous voulez ! »

C'est gentil, mais j'ai donné. J'y suis tout de même resté vingt-quatre heures !

Quand la police m'a arrêté, mon mât était encore intact. La première chose que je veux faire une fois libéré, c'est retourner au bateau – ou du moins ce qu'il en reste – pour continuer le démontage. Là, je me prends un bide. L'agent refuse, il veut aller se coucher. L'équipage du bateau se fait aussi porter pâle, frappé par une grosse fatigue. L'équipée, faute de combattants, est remise au lendemain. J'accuse le coup, je me sens seul et pas aidé.

Évidemment, le lendemain, mon mât est totalement brisé. Seule consolation, j'ai un visa tout neuf après avoir subi le parcours du combattant, douane, émigration, quarantaine et examen de santé. Bon pour le service, ouf !

Le surlendemain je retourne au bateau ; j'ai affrété un tuk-tuk, un triporteur à moteur. Les derniers accessoires sont démontés ; manquent juste à l'appel un panneau solaire, une batterie et la pharmacie, volés et envolés. Je ne m'en sors pas trop mal, la liste des objets disparus pourrait être pire. Les gens du coin sont venus me donner un coup de main : de trois au départ de la collecte, nous terminons à une bonne douzaine. Je ne suis pas mécontent du résultat, j'ai bien fait d'insister. Je récupère pour 20 000 euros de matériel : c'est toujours ça de pris pour repartir. En cogitant dans tous les sens, la solution qui s'impose est de faire reconstruire le même bateau dans un chantier sri-lankais. J'en ai découvert un au top de la technologie et dirigé par un Français. Que demande le peuple ! Pas besoin de payer de transport pour ramener le numéro 2 sur les lieux du deuxième départ.

Le 4 août, l'adrénaline s'évacue, journée de repos pour tout le monde. Mais voilà, la journée est gâchée par un éclair fulgurant qui me déchire le dos. C'est une sciatique, peut-être une hernie discale. En tout cas c'est certainement un contrecoup du naufrage. C'est reparti pour broyer du noir. Pendant deux jours, je ne fais rien, à part me faire masser et passer des radios à l'hôpital. Rien sur les radios, pas de panique, je me contente d'anti-douleur. Pas le temps de se laisser aller ! Malgré mon dos en vrac, je charge les sacs contenant le matériel de récupération sur un tuk-tuk pour les transporter sur le bateau d'assistance. L'opération prend un peu de temps ; le port est en zone franche, il faut montrer patte blanche avec des formalités à n'en plus finir. Fonctionnaires de tous les pays, donnez-vous la main ! La paperasserie est universelle. Une fois tout stocké et bien rangé à bord, je pousse un soupir de soulagement et je prends la décision de rentrer en France. C'est là-bas que je serai le plus utile, à rechercher un complément de financement et des nouveaux sponsors avec l'objectif bien ancré de repartir dès que possible. La décision de faire construire *Ma Louloutte II*, jumelle de ma *Ma Louloutte*, s'impose comme la seule option valable. Je dois reprendre mon bâton de pèlerin et multiplier les contacts, les rendez-vous, les réunions, les conférences, bref faire feu de tout bois pour réunir le supplément de budget nécessaire. Pas simple dans le contexte de crise actuel de lever des fonds auprès des entreprises, mais en montrant de l'enthousiasme et de la détermination, je veux les convaincre de me suivre. Je débarque à Paris fin août après dix mois d'absence et de liberté aux antipodes. Je suis déboussolé par le décalage, je marche pieds nus dans les rues, mais je sais où je dois aller. Je me donne jusqu'à la fin de l'année pour repartir. Le doute n'existe pas et j'ai en moi une foi à déplacer les montagnes.

Comment relancer la machine ? La pression ne doit pas retomber et j'ai besoin de 100 000 euros pour relever mon défi. Ça ne se trouve pas sous les sabots d'un cheval. J'ai entendu parler d'un procédé tout nouveau en France alors qu'il est courant aux États-Unis. Il consiste tout simplement à lever des fonds auprès du public, un peu comme cela se fait avec le Téléthon. J'ai beaucoup hésité par crainte de donner l'impression de faire la manche et de jouer la carte de la mendicité. J'avais peur que ma démarche soit mal comprise, car ce genre de campagne n'est pas courant dans le sport chez nous. Malgré mes interrogations du style « J'y va-t-y, j'y va-t-y pas », la société Fosburit, spécialisée dans ce genre d'exercice, a su me convaincre. Et puis je me suis dit que cette opération d'appel à la générosité du grand public allait me permettre de repositionner ma quête autour du monde. Des échos m'étaient revenus aux oreilles, des gens se posaient la question : « À quoi ça sert ? »

Du coup cette campagne qui devait s'achever au 31 octobre 2014 en ayant rempli l'objectif de réunir 40 000 euros à cette date, sous peine de retomber à zéro, se transformait à mes yeux en une sorte de sondage.

Question : faut-il aider Yvan Bourgnon à boucler un tour du monde en catamaran de sport, un truc dingue qui n'a jamais été fait et dont on peut se demander ce que ça prouve ?

Réponse : les « oui » l'ont emporté avec un score écrasant – à ma grande surprise, je dois bien l'avouer.

Les espérances ont été dépassées, puisque l'ambition d'atteindre 40 000 euros a été couverte à 106 %. Cette belle réussite m'a réconforté et encouragé à poursuivre. Elle a balayé les questions que je me posais, des questions un peu existentielles sur ce que je voulais voir comme l'entreprise de ma vie. Ce succès m'a permis de me rendre compte que ma démarche touchait les amoureux de l'aventure, des gens, des hommes, des femmes, qui aspiraient à autre chose dans leur vie de tous les jours et qui à travers moi pouvaient toucher eux aussi leur rêve d'ailleurs par procuration.

Les contributions ont été très disparates, les plus modestes – de 5 ou 10 euros – accompagnées parfois de mots d'encouragement émouvants disant : « Je ne peux pas faire plus, mais je suis de tout cœur avec vous. » À ma grande et bonne surprise, il y a eu aussi beaucoup de grosses contributions, de 100 jusqu'à 1 000 euros. Pour des particuliers, ce sont de grosses sommes. J'ai tenu personnellement à répondre à tous mes donateurs. J'ai envoyé des photos et des T-shirts dédicacés à partir de 50 euros. Cette campagne éclair a remobilisé mes fans. Je suis persuadé maintenant que la deuxième partie de mon tour du monde va être plus suivie que la première. J'ai senti le soutien d'inconnus autour de moi ; une adhésion du public qui me fait chaud au cœur. Je m'attendais à un flot de critiques et finalement j'ai récolté un flot d'encouragements.

Alors bien sûr, à côté de la levée en masse façon appel au peuple, j'avais aussi besoin de nouveaux sponsors. La ville et le Club des entreprises de Ouistreham ainsi que le port de Caen ont répondu présent et leur enthousiasme m'a encore un peu plus réchauffé. Après mon naufrage, je pensais faire reconstruire mon nouveau bateau au Sri Lanka, mais la fougue et le savoir-faire de mes nouveaux partenaires m'ont fait choisir au bout du compte le chantier Shoreteam, à Caen. La construction des coques de *Ma Louloutte II* a commencé le 28 octobre 2014. Elles sont en verre époxy traité par infusion sous vide, une technique qui permet d'avoir des bateaux légers et de les fabriquer plus rapidement. Les poutres de liaison m'ont été données par mon ami navigateur Lalou Roucayrol et elles sont adaptées au chantier de Jacques Roudaut, un ancien préparateur du trimaran *Primagaz*, à Pluvigner près de la Trinité. Quant au mât, je l'ai acheté d'occase ; il est tout en carbone et fait 11,50 mètres de haut. Mais comme c'est un mât de *Diam 24*, le catamaran du Tour de France à la voile prévu pour trois équipiers, je l'ai fait renforcer de plusieurs couches supplémentaires de carbone. Le tout doit être assemblé au Sri Lanka avec le matériel récupéré du crash et laissé sur place.

À dire vrai, *Ma Louloutte II* est différente de la défunte première version. J'ai décidé de repartir avec un bateau sans ballasts. Ceux que j'avais fait installer en Martinique après la traversée de l'Atlantique m'ont finalement peu servi. Fort de ce constat, je me suis rendu compte que je pouvais m'en passer et faire ainsi une économie de 5 000 euros sur la deuxième version. Le plus efficace dans la tempête, sur ce genre de petit bateau, est de se mettre en fuite au vent arrière. Donc pas besoin de ballasts qui ne servent qu'au près, face au vent. En revanche, je conserve la barre de redressement sous le bateau en cas de chavirage. J'ai construit un bateau costaud prévu pour résister aux chocs. J'ai dû aussi faire un voilier plus léger. Dans cette deuxième partie de mon tour du monde, je n'ai plus de bateau accompagnateur, toujours pour des raisons d'économie. Conséquence : je dois embarquer plus d'outillage, de pièces de rechange et de nourriture, soit environ 50 kilos supplémentaires. Avec un petit catamaran pesant 25 kilos de moins que le premier, je dois m'en sortir, les 25 kilos de différence devant servir à asseoir le bateau sur l'eau en l'absence de ballasts. Je prévois aussi de faire fabriquer un tableau arrière – à installer le moment voulu –, afin d'y fixer un moteur hors-bord pour passer le canal de Suez. Mais ceci est une autre histoire.

Avant de repartir, je vous invite à revenir au commencement de toute cette aventure.

2

Origine d'un tour du monde au ras de l'eau

Le grand départ du tour du monde est fixé au 5 octobre 2013 à 15 heures. Voilà qui fait bon genre et bien ordonné sur un programme officiel. C'est très rassurant.

Les sponsors, la famille, les amis, les petites amies, les journalistes, tout le monde est là pour nous voir partir et partager la fête accompagnant les dernières heures à terre. SMA, mon partenaire principal, a organisé la veille au soir un grand dîner de gala au casino des Atlantes, aux Sables-d'Olonne. Symboliquement, j'ai choisi de débuter mon périple planétaire dans la ville du Vendée Globe. Donc ils sont venus, ils sont tous là, mais moi je n'en profite pas. La place qui m'est réservée à la table de ma famille, entre mes parents – Charles mon père et Suzanne ma mère – et mes cousins arrivés de Suisse reste vide. La vérité est que nous sommes très en retard dans la préparation du bateau…

Sur l'esplanade du Casino, face à la grande plage, ce qui devrait être un dernier jour à terre décontracté s'est transformé en un horrible jour de stress. Je cours partout pieds nus, comme à mon habitude. Le bateau est encore démonté sur cette petite place où les passants circulent. Certains viennent mettre leur grain de sel. Je me force à répondre à tout le monde, ce qui me retarde encore un peu plus. Les pièces arrivent toujours. J'en ai recensé cinq cents : c'est beaucoup pour un petit catamaran de sport de 6,30 mètres sans protection, avec juste un trampoline entre les deux coques. Toute l'équipe a travaillé jusqu'à 1 heure du matin. Nous étions pourtant arrivés aux Sables une semaine avant. Seulement en effectuant les essais de redressage, rien ne marchait malgré la présence d'une barre de redressement. Le voilier, têtu, refusait de se relever. J'ai dû réaliser des transformations au pied levé. Il a fallu changer de mât et le remplacer par un mât basculant en y ajoutant tout en haut un ballon gonflable, une sorte d'airbag en cas de chavirage. Cette transformation en urgence nous a mis dans le rouge. La dernière nuit, j'ai à peine eu le temps de dormir. Nous étions sur la corde raide ; le mât basculant a été monté à la dernière minute, le matin même du départ. Et cependant nous sommes partis à l'heure dite, mon coéquipier et moi, puisque j'avais prévu de faire cette circumnavigation en double pour plus de sécurité.

Le samedi 5 octobre, en fin de matinée, nous descendons le bateau sur la plage sur les coups de 11 h 30, puis nous le poussons à l'eau sur son chariot afin de l'emmener au fond du port de pêche. Au programme, j'ai prévu une parade le long du chenal emprunté par les monocoques du Vendée Globe – l'illustre course autour du monde. À 14 heures, nous nous mettons en route. Le temps est resplendissant : ciel bleu, soleil, température estivale, le rêve. Une foule s'est massée des deux côtés du chenal : je n'en reviens pas. Il y a plus de dix mille personnes, peut-être le double. Un vrai triomphe à la romaine sur ce chenal transformé en arène. Les gladiateurs partent affronter les bêtes sauvages, les vagues et leur force aveugle. Je prends conscience que je ne vais pas revoir mes enfants avant longtemps. Ce n'était pas prévu, mais dans l'émotion, au moment de la séparation sur le quai du bout du port, j'embarque mes deux fils Mathis et Timothée. Je suis heureux qu'ils soient avec moi à bord jusqu'à la ligne de départ. Ce largage des amarres – cap sur la grande aventure ! – est un éclair de bonheur.

Nous partons à la date fixée, alors que tout le monde dans mon équipe pensait que nous ne serions jamais prêts. J'ai à l'origine prévu de partir en double dans un souci de sécurité, sinon de prudence. J'ai choisi mon compagnon d'équipée par amitié et lui a accepté de même. Nous avons beaucoup régaté ensemble. C'est un spécialiste de la glisse extrême qui me donne une impression de solidité : il peut s'enorgueillir d'avoir surfé les plus grosses vagues du monde. On s'entend à merveille, et notre complicité nous a décidés à travailler ensemble. En plus, il met de la bonne humeur dans l'équipe et dans les conférences.

Quoi qu'il en soit, nous voilà accompagnés de toute une flottille en sortant du chenal des Sables-d'Olonne. Une centaine de bateaux nous entoure pendant au moins deux heures : on se serait cru au départ du Vendée Globe. L'ambiance est bonne, nous rigolons comme des gosses.

Nous savourons cet instant magique. Le voilier glisse sous le soleil sur un tapis rouge, gentiment poussé par un vent agréable de 10 nœuds. Le golfe de Gascogne nous fait les yeux doux alors qu'il peut se transformer en furie et devenir aussi dangereux que le cap Horn. Nous avons surmonté la première embûche : notre périple démarre bien.

Les premières heures de navigation sur un bateau sont toujours importantes. J'ai hâte de savoir ce qu'il a dans le ventre. Tout n'est pas terminé, les finitions laissent un peu à désirer, et je m'aperçois que notre équipement n'est pas complet. J'ai oublié par exemple d'embarquer des lampes frontales nécessaires pendant les navigations de nuit. Les étoiles ou la lune, c'est très romantique mais insuffisant pour lire une carte ou un compas. Tous ces petits détails ne sont pas très importants à mes yeux, j'ai préféré partir avec un voilier pas tout à fait prêt, un peu à l'arrache, plutôt que d'attendre et s'engager plus tard dans la saison quand le temps devient méchant sur le golfe de Gascogne. Je suis impatient de sentir comment notre jolie monture réagit : nous avons en effet peu navigué, aussi étonnant que cela puisse paraître quand on se lance dans une odyssée d'un an autour de notre bonne vieille Terre. Nous n'avons passé que quelques heures à bord de ce bateau, à l'occasion d'une virée destinée à l'exhiber lors du Grand Pavois de La Rochelle – le salon nautique à flot. La mise en jambe est importante. Les premières impressions sont jubilatoires. Nous sommes habillés de façon estivale, mais nous avons tout de même enfilé nos bas de cirés pour nous protéger des embruns que lèvent les étraves des coques.

Avec le soir vient notre première nuit en mer. Le vent est tombé, la mer est douce, et pour tout dire je dors bien. L'un de nous deux barre pendant que l'autre se plonge voluptueusement dans les bras de Morphée. Je parviens même à dormir sept heures par tranches de trente minutes : un record ! Je traverse le golfe comme dans un rêve. Peu à peu je récupère des fatigues du départ. Me retrouver enfin au large agit sur moi comme un baume apaisant.

Le lendemain matin, le point au sextant s'annonce difficile. Dans la traversée du golfe de Gascogne ce n'est pas trop gênant, d'autant que nous apercevons déjà la côte espagnole. Pas la peine de se prendre la tête pour l'instant. Nous visons l'arrivée d'une première étape à La Corogne au milieu de la côte nord de l'Espagne, mais nous empannons trop tôt et nous nous trouvons plantés dans la pétole – une zone de calme sans vent. C'est une caractéristique de cette côte : le vent s'échappe à son approche. Nous nous retrouvons à galérer, lancés à la recherche de La Corogne alors que nous aurions pu y arriver sur un bord direct en venant du large au lieu de longer la côte.

Et voilà à présent que nous ne savons plus très bien nous situer. Que faire ? Demander notre route comme sur une départementale, pardi ! Voilà justement un bateau de pêche espagnol qui passe. Le patron n'est pas peu surpris de nous voir traîner par là en pareil équipage. Je sors tout mon espagnol :

— *¿ Dónde está La Coruña ?*

— *¡ Cien kilómetros !*

Cent kilomètres ! Bon, on n'est pas arrivé, il y a encore du boulot… Heureusement, le vent se montre plus généreux et remonte à 10 nœuds. Comme on dit, ça dépote ! Mon coéquipier se montre très à l'aise à la barre ; c'est un enfant de la glisse.

Au matin du troisième jour, nous touchons le port de La Corogne après une traversée paisible et plutôt rapide. Notre bateau accompagnateur – un monocoque de 17 mètres – arrive dix heures après nous, après avoir mis le moteur pour nous rattraper.

Je me serais bien passé de cette conserve, mais mon premier sponsor voulait un bateau accompagnateur pour se rassurer. Normal pour une compagnie d'assurance : c'est ancré dans ses gènes ! Mais comme mon budget était trop court, il a dû y aller d'une rallonge et il m'a fallu me démener pour trouver l'oiseau rare au meilleur prix. Je suis allé jusqu'en Sicile pour le dénicher ! Dominique Lemanceau, le loueur, est un gars très chouette puisqu'il me le laisse juste pour l'équivalent des frais. C'est un sérieux coup de pouce : merci l'ami ! Mon budget en effet est ric-rac : je dispose de 350 000 euros avec lesquels je dois construire mon catamaran de sport, payer le bateau accompagnateur et faire vivre les six personnes de l'équipe pendant un an. À ces dépenses s'ajoutent les billets d'avion pour les escales, l'équipage changeant tous les trois mois. Je tiens à rémunérer mes équipiers au lieu de me reposer sur des bénévoles : quand les gens ne sont pas payés, ils se démotivent très vite…

Dès que nous mettons le pied sur le quai, le directeur de mon entreprise partenaire nous saute dessus. Il a organisé un voyage de VIP, et nous entraîne dans une visite de chantiers navals avec eux. Nous dormirons une autre fois.

Trois jours d'escale suffisent à effacer nos fatigues et il faut bien songer à repartir direction Agadir, au Maroc. Un dilemme se pose : soit nous partons tout de suite avec le risque d'un coup de vent annoncé par la météo assorti de l'avantage de nous retrouver au sud du Portugal en deux jours, soit nous attendons le lendemain avec la prévision de zones de pétole et cinq jours pour atteindre le sud du Portugal. D'un côté la baston, de l'autre un parcours pépère. Mon coéquipier est prêt à partir dans le coup de tabac et moi je suis plutôt enclin à jouer la carte de la sagesse – une fois n'est pas coutume. Mon option l'emporte, et nous partons calmement.

Le cap Finisterre au nord-ouest de la péninsule Ibérique est franchi tranquillement par 10 nœuds de vent, à peine 20 kilomètres à l'heure : une promenade de santé. Mais c'était trop beau pour durer. À 40 milles au sud du cap, nous nous faisons ramasser par la patrouille des tempêtes. Des enchaînements de rafales à 80 kilomètres à l'heure nous tombent dessus pendant huit heures d'affilée. La météo n'en avait pas parlé : ce n'est vraiment pas une science exacte… Et nous, nous sommes bien dans la panade ! Le bateau donne l'impression de vouloir s'envoler malgré une grand-voile réduite des deux tiers. Je me demande s'il ne va pas chavirer au sommet des vagues. Le trampoline offre de la prise au vent quand les coques montent inclinées à la lame, nez en avant. Ces réactions sont inquiétantes, et je me dis que si le bateau continue à se dandiner de cette manière, nous ne sommes pas sortis de l'auberge. Son maniement est très physique, l'ambiance est infernale. On ne s'entend plus, ça cogne et ça craque de partout. Je me demande s'il ne va pas se disloquer. Je décide de me rapprocher de la côte afin d'être plus près si nous avons une avarie. Une illusion rassurante !

Nous progressons lentement le long du Portugal. Le bateau tient le coup bien que chahuté par des vagues de 4 mètres. Les deux coques et le mât tapent comme des fous sans défaillir ; ils résistent. Le bateau se conduit vaillamment pour son baptême du feu, même s'il est brutal à piloter. Je suis rassuré sur sa solidité et ça, c'est bon pour ma sérénité.

En guise de récompense, malgré l'état de la mer, je mets une ligne à l'eau. J'ai emporté un diabolo avec du fil de pêche auquel j'accroche un leurre. Nous pêchons notre première bonite, une petite de 3 kilos. Nous sommes contents de cette aubaine qui améliore l'ordinaire. Je repère les concentrations d'oiseaux avant de jeter la ligne. Le problème est de ne pas pêcher des thons de 30 à 40 kilos. Nous ne pourrions pas les remonter à bord et ils prendraient trop de place. La parade est d'avoir du fil assez fin pour qu'il casse si la taille de la prise est trop grosse ; rien de plus facile. L'ennui en filant entre 10 et 12 nœuds est de n'attraper que du gros. Nous nous contentons des prises modestes, laissant filer les autres. La recette pour les accommoder est simple : je découpe le poisson en petits dés et je le mélange avec de la nourriture lyophilisée, un peu comme dans la paella. On peut même faire chauffer les préparations avec un réchaud sans flamme acheté tout simplement dans les magasins spécialisés en articles de camping. Une autre technique pour réchauffer les plats consiste à emboîter deux gamelles BaroCook : dans celle du dessous on met une chaufferette du même type que celles utilisées au ski. Les aliments sont mis dans celle du dessus, on ferme le tout et c'est chaud, il n'y a plus qu'à déguster. Les petits sachets chauffants pèsent de 20 à 40 grammes. Un gain de poids sérieux face au bon kilo d'une barquette autochauffante.

L'escale d'Agadir n'est pas de tout repos. J'ai égaré un sac à dos avec mes papiers et je n'ai plus de passeport. Je perds deux jours en formalités. C'est épique : les démarches sont interminables… Heureusement, je suis aidé par le consul d'Allemagne qui joue les bons samaritains. La situation finit par se régler ; je n'ai pas tout compris, mais je repars avec mon passeport suisse retrouvé miraculeusement par la police marocaine. Je suis en règle et rentre dans les clous, tout est bien qui finit bien après beaucoup de cavalcades et de perte de temps. Ouf ! Je peux poursuivre ma route. Nous pouvons hisser le foc vers Las Palmas et les Canaries vers lesquelles nous pointons nos étraves le 30 octobre.

3

Voir les Canaries et s'échapper de la cage

L'escale des Canaries doit durer trois jours. Je me suis fixé une sorte d'horaire à respecter : unité de temps, de lieu et d'action – simple comme la règle du théâtre classique. Après avoir passé un an à la barre d'un petit multicoque ouvert aux vagues, aux vents, au soleil et à la pluie, je souhaite boucler ma grande boucle en tenant mes supporters en haleine. Traduction : il n'y a pas de temps à perdre, pas question d'amuser le terrain. En ce début de parcours, je veux mettre le plus de milles nautiques derrière moi en un minimum de temps, sachant que j'en perdrai toujours assez au fil du périple. Pour l'instant mon projet est loin d'être réussi, car je réalise le travail indispensable à effectuer avant d'attaquer le grand saut : la traversée de l'Atlantique jusqu'en Guadeloupe. Le relâchement n'est pas à l'ordre du jour. Le catamaran s'est bien comporté dans les violents coups de vent que j'ai affrontés, tout en montrant ses limites. Il a souffert… Il faut démonter le trampoline qui cherche à se désolidariser des coques, le refixer et renforcer le guindant de la grand-voile qui s'use tout au long du mât. Il faut aussi organiser les prises de vue avec un hélicoptère pour la banque d'images. Un cameraman est un article difficile à trouver aux Canaries

– encore du temps de perdu… Heureusement, Nicolas du bateau suiveur me donne un coup de main.

Le sixième jour, après une longue discussion avec mon coéquipier, nous décidons de nous séparer. Ce départ pourrait sonner le glas de mon grand challenge, mais finalement me retrouver seul ne me fait pas peur – même si le combat avec les océans risque de se montrer plus abrupt et plus grave. J'avoue avoir pensé à partir seul à plusieurs reprises, lorsque je mûrissais mes projets d'échappée autour du globe. Eh bien voilà, c'est fait.

Après un échauffement rapide le long des côtes, je vais attaquer les choses sérieuses. J'aurais dû commencer par là. L'océan Atlantique m'attend des Canaries aux Antilles, un sacré morceau à avaler, une grande première pour moi sur un si petit catamaran de sport. Folie ? Je ne crois pas. Raisonnable ? Pas plus. Mais l'enjeu et le risque me motivent encore plus. L'adrénaline me fouette le sang et me donne envie de me lancer dans un numéro de domptage à mains nues avec l'Atlantique. J'ai fait monter par Siegfried Levayer de solides pilotes automatiques indispensables à la navigation en solitaire. Quitter la barre de temps en temps est nécessaire pour régler les voiles, calculer la route ou bien tout simplement dormir, même quelques minutes seulement. Je vais prouver que le tour du monde sur un minuscule catamaran dépouillé de tous les raffinements de la technique moderne est possible. Mon défi prend une nouvelle dimension.

4

Ma Louloutte, l'Atlantique et moi !

Je ne vous l'ai pas encore dit, mais j'ai surnommé mon valeureux petit catamaran « Ma Louloutte ». C'est un petit nom affectueux montrant qu'un lien sentimental s'est noué entre nous. Après tout, je lui confie ma vie et mes espoirs ! J'en prends soin, et il me le rend bien. Mon frère Laurent, deux fois vainqueur de la Route du Rhum – exploit toujours inégalé –, appelait son trimaran *Primagaz* « Mon bébé ». Il lui parlait pour l'encourager dans les moments difficiles : « Allez, vas-y, vas-y, mon bébé ! » Une intimité se crée entre le marin solitaire et son bateau. Comme un cordon ombilical. L'homme et sa monture ne font plus qu'un, à l'image des cavaliers. C'est une tradition Bourgnon de donner un surnom à nos voiliers de course.

Debout donc sur le trampoline de *Ma Louloutte*, je hisse les voiles à 9 heures du matin le 20 novembre 2013 dans le port de Las Palmas, pas fâché de quitter les Canaries même si le climat est enchanteur. L'expérience est inédite, je me lance dans une traversée d'océan en solo sur une embarcation minimaliste proche d'un engin ludique de plage et – il faut bien l'avouer – c'est la première fois que je me retrouve dans cette situation. Des transats, j'en ai fait des paquets, mais sur les fabuleux multicoques de 18 mètres, les 60 pieds ORMA des courses au large les plus prestigieuses. Un autre monde, avec coque centrale habitable comportant couchettes et tableau d'instruments électroniques digne d'un Boeing. Les Formule 1 de la mer. Là, je suis plutôt à bord d'un kart pour affronter les mêmes immensités et les mêmes dangers. Je n'ai même pas un GPS, pas plus d'infos météo par satellite : je ne veux pas fausser le jeu de la navigation comme au temps de la tradition de la marine à voile et des clippers. Ces contraintes, je me les suis fixées pour la beauté du geste, dans l'intention de me prouver que j'en suis capable et surtout pour me libérer du joug de toute une panoplie d'appareils informatiques qui aliène souvent le sens marin. L'aberration est de voir de plus en plus des skippers abandonner une course océanique à cause de la perte d'une simple girouette en tête de mât qui ne donne plus la direction du vent sur l'ordinateur de bord. C'est toute la différence avec les légendes de la voile comme Éric Tabarly qui remporte la Transat de 1976 en surgissant de la brume, alors que plus un instrument électronique ne fonctionne à bord. Ce dialogue reste gravé dans ma tête…

Tabarly :

« Qui est arrivé ? »

Le chef de la capitainerie de Newport :

« Vous êtes le premier ! »

Quoi de plus pur ? Quoi de plus fort ? Tel est l'esprit que je veux retrouver. Je n'en demeure pas moins seul sur un bateau constitué de deux coques nues au ras de l'eau et prévu pour deux équipiers. Je pars à la découverte.

L'ajout de deux pilotes automatiques me rassure, cependant j'ignore leur comportement. La réponse à mon interrogation ne se fait pas attendre. Quinze minutes de navigation suffisent à me prouver qu'ils ne fonctionnent pas. Aucune hésitation, demi-tour. Mon moral en prend un léger coup ; l'avarie n'est en effet pas très encourageante pour la traversée qui s'ouvre devant mes étraves. Contre toute attente et à mon grand soulagement, la panne est très vite identifiée. En fait ce sont deux pannes, une erreur de branchement et un mauvais calage de l'orientation. Réparation et mise au point se règlent en une heure : je m'en tire bien.

Un nouveau départ s'effectue vers 12 h 45 (temps universel). Mon adrénaline est déjà dans le rouge : depuis le matin, j'ai pris des tours. Je dépasse en glissade à 20 nœuds – près de 40 kilomètres à l'heure – l'aéroport de Gran Canaria. La sensation de glisse me grise un peu, mais je suis vite rappelé à la réalité. Les pilotes – ah ! mes pilotes – ne sont décidément pas très coopératifs. La lenteur du calculateur de correction de route génère des embardées inquiétantes. L'évidence s'impose : je ne vais pas trop pouvoir me reposer sur eux. Je me résous à les brancher uniquement pour quelques minutes de sommeil. Me voilà réduit à dormir comme les chats, d'un seul œil ! Toujours sur le qui-vive.

Après la première nuit, je commence à prendre mes marques. Je sens progressivement que je fais corps avec mon petit voilier, il réagit sainement dans les vagues encore modérées. Comme nous sommes en novembre, les nuits sont fraîches, même sous ces latitudes. J'enfile une combinaison sèche pour la nuit alors que durant la journée, je porte un ciré. Le vent se montre capricieux : tantôt je me traîne pendant des heures dans la pétole, tantôt je m'envole dans la brise. L'alizé commence à se faire sentir par bouffées ; je passe des heures à la barre, laissant un immense plaisir m'envahir. Quand le vent tombe, un seul recours : la patience…

Je découvre un peu plus chaque jour les réactions de mon bateau. Les sensations sont incroyables, je prends confiance, même s'il enfourne un peu – c'est-à-dire que les étraves des coques ont tendance à marsouiner dans le clapot et plantent dans l'eau avant de ressortir en s'ébrouant. Mon rythme s'établit tranquillement. Les deux moments forts d'une journée en pleine mer sont le lever et le coucher du soleil. Tout étant plus difficile la nuit, l'arrivée de l'obscurité est source d'appréhension, et le retour de la lumière est à chaque fois un soulagement. Je transforme donc ces deux périodes phares en rituels : le changement de vêtements, le séchage, le repas, le rangement, le point…

Je suis obligé d'être superorganisé et de laisser ma tendance bordélique de côté. Tous les éléments doivent être rangés, attachés, parés, sous peine de passer très vite à la mer. Le bateau réagit comme un shaker : homme et matériel sont brassés, chamboulés et secoués. Chaque geste est plus compliqué qu'à terre et prend dix fois plus de temps. Essayez donc d'enfiler une chaussette ajustée sur un pied humide avec un bateau qui gigote dans tous les sens. Le combat peut atteindre des sommets héroïques du genre : « Ce que j'ai fait, aucune bête au monde ne l'aurait fait. » Comment s'en sortir lorsqu'on n'a que deux mains, qu'il en faut une pour s'agripper et les deux autres pour mettre un pantalon de ciré ? Bonne question ! Je vous remercie de me l'avoir posée… Ne pas se décourager, recommencer quand c'est raté et ne pas tout envoyer balader. Aucune autre solution n'apparaît à l'horizon de mon trampoline en folie.

Le baromètre baisse, la couche nuageuse s'épaissit, le vent tourne. Depuis trois jours je pique au sud, mais je ne suis pas encore descendu assez loin : une dépression tropicale menace… Merci au bulletin météo du départ qui me prédisait une autoroute parfumée d'alizés ! L'après-midi du huitième jour, la menace se précise.

Devant moi au loin se dresse un ciel d'apocalypse : des nuages noirs épais, serrés, très bas. Aussi loin que porte la vue, une barrière sombre comme de la suie s'étend devant moi, impossible à contourner. Une force hostile se dégage de cette montagne nuageuse. Par anticipation, je rentre le foc et diminue la voilure, gardant juste une bande réduite de grand-voile. Le front approche, mon cœur bat à 300 à l'heure, je sais que ça va faire mal.

La bourrasque s'abat sur moi avec une violence inouïe. Le vent monte brutalement à 100 kilomètres à l'heure, et la pluie se répand en rideau compact comme une averse de mousson. Tout est détrempé, je ne vois même plus l'avant de mes flotteurs. Dans l'incapacité d'évaluer la force des éléments, je me cramponne à la barre, essayant de garder le contrôle du bateau et d'éviter d'être éjecté. J'hésite à rentrer toute la toile afin de conserver tant bien que mal une marge de manœuvre. La lutte est ardente et obscure. Heureusement que la force rageuse de la pluie aplatit la mer. Trois heures de combat sur un trampoline glissant… Je trouve le temps long, mais la délivrance approche. Le vent vire au nord et le ciel s'éclaircit. Des passages s'ouvrent dans le front tropical, je m'y glisse. Le soir je me retrouve dans un vent portant modéré inespéré mais bienvenu. J'en profite pour dormir un peu et reprendre des forces. Je suis rincé dans tous les sens du terme. Le répit est de courte durée et je passe d'un enfer sous les trombes d'eau à un enfer brûlant. Plus un souffle d'air, le soleil darde implacablement ses rayons, sans ombre où me réfugier. Je frôle l'insolation. Mon crâne est en feu.

L'après-midi du neuvième jour, les orages se répercutent au loin dans une muraille blanche. Toujours pas de vent, et les coups de tonnerre claquent dans la sécheresse des nuées ; j'avance dans un décor fantomatique et oppressant. Je me méfie, sans pour autant soupçonner l'ampleur du coup de Trafalgar en préparation. Échaudé par mon expérience de la veille, j'ai réduit la voilure tout en conservant le foc. La pluie fond à la vitesse d'une charge de cavalerie et balaie tout sur son passage. Le vent entre dans la course à plus de 100 kilomètres à l'heure. Je suis dépassé par les événements. Et au milieu de cette apocalypse, je dois affaler le gennaker[1], la grand-voile et tenir la barre ; mais je ne suis pas un homme-orchestre. Je me retrouve enroulé dans la grand-voile, sur un bateau qui ne demande qu'à s'envoler. Je manque d'être propulsé à 20 mètres dans les airs par la même grand-voile qui se prend pour un cerf-volant. Je me bats avec les moyens du bord : un couteau, mes dents, mes ongles, des bouts de cordage. Comment ai-je pu en arriver là ? La violence du vent est hallucinante, le foc est impossible à rentrer. Comme un chimpanzé, je m'accroche où je peux pour faire contrepoids et empêcher le chavirage. Par réflexe de survie, j'ai fait rentrer de l'eau dans les compartiments avant des deux coques afin d'alourdir le bateau et le rendre moins volage, car en quelques minutes, j'ai manqué de chavirer une dizaine de fois. C'est un miracle si je suis encore à l'endroit.

Une accalmie incroyable me permet de rouler le foc. Je jette le matériel épars qui traîne sur le trampoline dans les caissons des coques. J'ai à peine terminé que le vent revient en furie, toujours plus puissant. Ma seule parade est de me mettre au rappel afin d'empêcher que le petit catamaran ne grimpe au ciel. Les rafales atteignent 120 kilomètres à l'heure – force attestée par mon voilier d'assistance dans la même zone. Je me bagarre depuis des heures, mais l'inévitable finit par se produire : le bateau se lève et se couche sur le côté, dans un

1. Une voile d'avant intermédiaire entre le foc et le spi.

mouvement alternant violence et douceur. Le mât touche l'eau et je dégringole dans la mer après une traversée en glissade du trampoline, à pic. Je ne parviens pas à remonter à bord, mais heureusement j'ai réussi à attraper un cordage et je suis traîné comme un poisson au bout d'une ligne par mon propre bateau qui dérive à plus de 10 nœuds, poussé par la prise au vent du trampoline dressé à l'équerre. Pour la première fois de ma vie, j'ai cru mourir. Jamais je ne me suis autant senti en danger. Dans ces circonstances, la réflexion est impossible. Je ne sais pas comment j'ai fait pour remonter à bord, pour tirer sur les 3 mètres de cordes et escalader les 60 centimètres des flotteurs sans prise pour m'agripper. Sûrement l'énergie du désespoir, l'instinct de survie : les forces sont décuplées par l'adrénaline.

Une mésaventure comparable est arrivée à mon frère Laurent dans la course La Baule-Dakar. Il l'a remportée, mais il est passé à deux doigts de ne jamais la terminer… Peu de temps avant l'arrivée, il est tombé de son trimaran au cours d'une manœuvre. Il s'est rattrapé par la mâchoire à un filin d'acier, se hissant sur le pont de son grand multicoque à la force des dents, laissant une incisive en guise de tribut compensateur à ce rétablissement miracle. Lui et moi sommes des miraculés.

J'étreins le flotteur salvateur comme un noyé tandis qu'une fatigue extrême m'assaille. J'ai eu peur, très peur. J'ai vu ma dernière heure arriver. Une demi-heure plus tard pourtant, je décide de redresser le bateau tout seul ; un exercice qui n'avait jamais été réussi à deux dans les essais d'avant le départ des Sables-d'Olonne. Seulement on se souvient que j'ai travaillé toute la nuit la veille de ce départ avec mon équipe afin d'installer un mât basculant. Cette modification est la clé du redressement, mais je ne l'ai encore jamais pratiqué. En donnant du mou aux haubans, le mât s'incline, la bouée de tête de mât l'empêche de couler, et du coup la coque s'incline à son tour. Ensuite, avec un cordage, je fais le contrepoids et le flotteur en l'air redescend sur l'eau. À mon grand soulagement, l'opération réussit sans accroc. Mais ce n'est pas fini. J'ai dû me remettre à la mer pour la manœuvre et je dois à nouveau remonter sur le pont à la force des bras. L'effort est surhumain, et je suis à bout. Je parviens néanmoins à me hisser centimètre par centimètre en crochant dans les haubans. Je reprends mes esprits sans traîner plus que nécessaire. Je remets vite de la toile pour repartir, comme un cavalier tombant de cheval remonte aussitôt sur la bête. Le vent cependant ne s'est pas estompé d'un coup de baguette magique ; il souffle encore à 35 nœuds, pas loin de 70 kilomètres à l'heure, de face sur une mer formée. Après avoir atteint les frontières du possible et malgré ces heures éprouvantes, je sens l'envie de naviguer revenir. À 3 heures du matin, je décrète enfin le repos du guerrier ; j'affale toutes les voiles et je me laisse aller à dormir. Je suis conscient d'avoir échappé au pire, pourtant je ne ressens aucun traumatisme d'avoir frôlé la mort. Je sombre dans un sommeil comateux de trois heures. Quand j'en ressors, je suis comme neuf ; j'ai récupéré de mes peines et de mes émotions, prêt à en découdre et à poursuivre mon défi.

J'ai remis le cap sur la Guadeloupe, mais la progression reste inconfortable. Je suis vent dans le nez ; il adonne encore très fort pile dans l'axe de ma destination. J'avance à 5 nœuds au près, deux fois la vitesse d'un homme à pied, à 50 degrés de la route directe – autrement dit, je ne me rapproche pas, ou à peine. Le catamaran rebondit sur chaque vague en vibrant ; chaque saut me résonne dans le corps et m'empêche bien sûr de dormir. Je me sangle solidement sur une des ailes soudées au-dessus des flotteurs afin de me protéger un peu des vagues ; rien n'y fait, malgré ma lourde fatigue, je ne peux pas dormir, trop de chahut. Après deux jours de ce régime agité, les alizés portant dans le bon sens reviennent.

Mais la médaille a son revers : si Éole me pousse vers la Guadeloupe, le danger cette fois résidera dans les grains tropicaux – c'est-à-dire de violents orages. D'habitude, un système climatique tropical génère deux à trois grains chaque jour. Là je dois en affronter de vingt à trente, passant de 0 à 50 nœuds en quelques minutes. Je viens de vivre le treizième jour de ma traversée de l'Atlantique, et la plaisanterie va durer encore cinq jours. Je croyais avoir touché le fond, me voici reparti en enfer. Au chapitre des mauvaises surprises, mon pilote automatique bâbord me lâche, suivi de la télécommande de l'autre pilote. Je dois zigzaguer entre les grains pour éviter le plus dur au prix d'empannages incessants qui me minent. Avec les grands multicoques de compétition, il est facile de franchir ces parages maritimes tropicaux : leur vitesse permet d'échapper aux grains en fonçant plus vite qu'eux. Mais à 8 nœuds sur ma petite plate-forme, je reste scotché sous les orages et je suis obligé de subir.

Le quatorzième jour, je manque une nouvelle fois de chavirer, attaqué lâchement par-derrière par un grain projetant des rafales à 50 nœuds et se déplaçant dans le même sens que moi, m'écrasant au passage comme un rouleau compresseur. Je me retrouve embarqué dans un empannage sauvage non programmé avec le spi qui chalute sous le bateau. Je me prépare à la pirouette fatidique lorsque le vent se calme aussi brusquement qu'il est monté. J'en suis quitte pour une grosse frayeur, une de plus. Je sors de ces moments où j'ai dû lutter pour ma survie totalement groggy. Chaque fois je mets des heures à reprendre confiance en moi et en mon embarcation. Je dois me remobiliser pour reprendre une fois de plus ma route ; c'est une difficile gymnastique du corps et de l'esprit. J'en apprends beaucoup sur moi-même et sur l'être humain. Sans volonté, je sombrerais dans le néant.

L'enchaînement des grains à un rythme infernal m'empêche toujours autant de dormir. Au quinzième jour, je craque pour la première fois de ma vie en mer ; je me mets à chialer comme un gosse. Moi, le costaud, le rude marin inébranlable et inoxydable, je pleure à chaudes larmes. Je suis au bout du rouleau… Rongé par la fatigue, me voici au bord de l'abandon ! C'est mon passé de régatier, de compétiteur, qui m'empêche de tout affaler et de tout planter là, en plein océan au milieu de nulle part, et d'attendre qu'on vienne me chercher. Un sursaut de fierté, d'orgueil, d'esprit de compétition – appelez cela comme vous voulez – me pousse à reprendre le dessus et à avancer. Un pas, encore un pas, c'est la seule chose qui compte.

Le seizième jour, je croise un gros catamaran de croisière espagnol. Je dois avoir l'air d'un naufragé, car les plaisanciers à bord me supplient d'embarquer avec eux. Ils sont persuadés que je suis perdu si je continue sur cet engin. Leur insistance finit par me redonner de l'énergie. Non ! Je ne monterai pas dans une voiture-balai – ou plutôt un bateau-balai. Cette pensée me fait sourire et me réconforte. Allez, c'est dit : quitte ou double, j'annonce double !

Le dix-septième jour, le vent stable tant attendu se pointe, un vent encore musclé pulsant à 60 kilomètres à l'heure, c'est un progrès. En dépit d'une mer très formée, j'ai l'impression de revivre. Je peux enfin m'octroyer des petits sommes de vingt minutes qui me comblent de bonheur. À dire vrai, ce bonheur est bref. Deux jours avant mes prévisions d'arrivée, mon gouvernail bâbord prend son indépendance et se désolidarise de l'ensemble. Le coup est dur, je trime comme un malade pour récupérer le safran cassé avant qu'il ne s'esquive vers les profondeurs. La récupération de mes drosses de barre et leur bricolage sont tout aussi primordiaux si je veux continuer à utiliser le gouvernail tribord qui me reste – et je le veux, bien sûr, plus que tout au monde ! Sans gouvernail, Dieu seul sait où peut m'emmener la galère ! L'atterrissage devenant imprécis, je risque d'aller sur les cailloux, nombreux à l'arrivée. L'avantage de naviguer sur un catamaran, même petit, c'est que les gouvernails et les pilotes sont en double, un peu comme les hélices sur un avion bimoteur. Les 5 mètres de houle gonflant dangereusement la mer sont un réel souci ; je ne peux plus continuer à réparer l'appareil et à gouverner dans ces conditions. Je dois prendre une décision sur mon point d'atterrissage ainsi que sur la direction à suivre pour y parvenir.

Le dix-neuvième jour, les conditions de navigation sont fantastiques, j'approche des Caraïbes en glissant sur des surfs interminables, je me sens à l'aise comme jamais. Je multiplie les points au sextant en utilisant les étoiles, car je ne veux pas rater mon arrivée. Mon avarie de gouvernail me contraint à naviguer au vent arrière en profitant du sens des vagues pour solliciter le moins possible le safran – qui tient encore –, tant je crains qu'il rende l'âme à son tour. En appliquant cette tactique, je me dirige non plus vers la Guadeloupe mais vers la Martinique. Ce n'était pas prévu, mais je m'adapte aux circonstances. Le 10 décembre 2013, aux abords de l'îlet à Cabrit, je suis rejoint à 7 heures du matin par les premières embarcations venues m'accueillir. Profitant des derniers surfs, je les laisse sur place, médusées, terminant à plus de 20 nœuds. Un dernier virage vers la droite au sud de la Martinique et je fais mon entrée dans le port du Marin, à 9 heures du matin. La joie et la chaleur de l'île m'entourent et me bercent. Après trois semaines d'une traversée de tous les dangers où j'ai failli disparaître et jeter l'éponge, je vais pouvoir retaper le bonhomme et le bateau. Je suis heureux d'être parvenu au bout de cette Transatlantique, et surtout d'y être parvenu seul.

5

Zoom arrière ! Pourquoi je me retrouve sur un petit catamaran de sport

L'escale de Martinique dure plus longtemps que prévu. *Bis repetita*. Décidément je mets au point de beaux plans bien huilés, un calendrier serré et séduisant sur le papier, mais ces précautions ne servent à rien, sinon à me rassurer et à m'imposer un garde-fou. Dans la réalité rien ne se passe comme prévu, et c'est peut-être cette rébellion des événements, grands ou petits, cette résistance aux prévisions, qui crée l'aventure. Je dois bien l'avouer, je me sens mieux vivre lorsque l'imprévu me pousse dans mes derniers retranchements. Arrivé le 10 décembre au Marin, je n'en repars que le 3 février : ça fait long…

L'escale prolongée – indépendante de ma volonté – est mise à profit pour effectuer des travaux lourds sur mon embarcation, avec un objectif : l'amélioration de la sécurité et des performances, dans la configuration d'une navigation en solitaire. Ces travaux de longue haleine se déroulent au chantier Alizé Composite du Marin. Cette parenthèse studieuse et inattendue me fait réfléchir et revenir en arrière, vers mon passé. Pourquoi en suis-je là avec une sorte de gros jouet pour adulte sur l'immensité des flots, à tenter un tour du monde dément sur un engin flottant vraiment pas prévu pour cet usage ?

Il y a peu de temps encore, je disputais les plus grandes courses au large sur des trimarans de 18 mètres, trois fois plus grands. La question mérite une réponse en forme de mise au point afin de clarifier les idées qui s'agitent dans ma tête. L'explication peut être fleuve, aucun problème : l'escale s'étirant au-delà de toute envie, j'ai le temps.

Mon éloignement de la course au large classique date de 2008. L'année 2007, en effet, voit la fin du circuit ORMA et des grands prix de multicoques sur ces merveilleuses machines que sont les trimarans de 60 pieds (18 mètres). Ils sont condamnés à un retour aux hangars alors qu'ils sont rapides et spectaculaires. La légende de la Route du Rhum et des transats en solitaire leur doit tout. Mais voilà, à force de les alléger et de les rendre de plus en plus sophistiqués, ils sont devenus très chers et fragiles. Les avaries et les casses de matériel se multiplient. Les sponsors se retirent progressivement, et le combat cesse faute de combattants. La page glorieuse des multis 60 se tourne. En ce qui me concerne, c'est l'horreur, je passe la pire période de ma vie. Deux ans auparavant, en 2005, j'ai racheté le trimaran *Sergio Tacchini* de Karine Fauconnier pour en faire *Brossard*. J'aurais préféré *Belgacom* qui était aussi en vente, mais il a été racheté par Benjamin de Rothschild qui en a fait *Gitana*. Bref, lorsque le circuit des multis de 18 mètres s'arrête, je touche le fond. C'est le glas de mon écurie de course Team Océan, et je me retrouve avec un crédit de 27 000 euros à payer par mois sur mon trimaran de 60 pieds. Je reviendrai sur le parcours en compétition, mais sachez que le solde est amer. Comble de l'ironie, j'essaie d'aller vendre *Brossard* au Moyen-Orient. J'ai un contact avec le prince d'Abu Dhabi. Il monte à bord pour un essai, mais quand ça veut pas rire, ça veut pas. La coque centrale – qui avait déjà pété en course –

repète : un craquement et une avarie du plus mauvais effet. Là, j'ai tout perdu. Le bateau était vendu un million de dollars. J'ai dû en faire mon deuil et signer un chèque de remboursement de 700 000 euros à la banque. Pour y arriver, j'ai vidé mes comptes et vendu ma maison, la totale. Après cette aventure, j'en suis à me demander : « Et maintenant, qu'est-ce que je fais ? »

Deux solutions s'offrent à moi ; la première est de passer – comme beaucoup de mes collègues skippers – des trimarans aux monocoques Open 60 du Vendée Globe, mais cela ne m'emballe pas trop. La deuxième est de me lancer dans le programme des MOD 70, une nouvelle série de trimarans de 21 mètres qui pointe le nez et qui tente de prendre le relais des regrettés trimarans de 60 pieds. Mais les skippers tentant la nouvelle aventure se sont mis d'accord sur un programme excluant les courses en solitaire pour se consacrer aux courses en équipage. Un vaste débat bien sûr, mais l'absence de solitaire ne me tente pas non plus. Je passe mon chemin. Pourtant, c'est vrai, courir en solitaire sur les trimarans ORMA 60 de 18 mètres, c'était revivre sur mer le salaire de la peur. Les bateaux devaient naviguer à la limite du chavirage, sur la tranche d'une coque pour aller vite. On naviguait la peur au ventre et la gorge serrée, beaucoup vomissaient d'angoisse pendant une semaine avant les départs de course. De mon côté, je me sentais plutôt à l'aise. Les erreurs de casting n'étaient pas rares avec des skippers nantis de budgets colossaux qui avaient peur d'y aller, et d'autres qui n'avaient pas peur mais n'avaient pas de budget. Un pilote de F1 ne doit pas avoir peur de rouler à 300 kilomètres à l'heure, sinon on ne lui confie pas de volant. Ni gros monocoques – pas assez fous pour moi – ni nouveaux trimarans – au programme trop sage à mon goût –, je m'engage donc dans une troisième voie me permettant de revenir à mes premières amours : le petit catamaran de sport. Depuis toujours, il est ma grande passion.

Quand j'étais gamin, vers l'âge de 13 ans, je me suis mis à travailler l'été et à économiser sou après sou jusqu'à mes 17 ans pour m'offrir un Hobie Cat 16. J'écumais les régates de village. Plus tard, quand je suis devenu professionnel sur les grands multicoques, je prenais ma voiture et ma remorque et j'allais, le week-end, m'amuser dans des compétitions anonymes de petits catamarans de sport le long des plages. Pas d'enjeu, pas de stress : on chavire, on redresse, et ça repart. Juste pour le plaisir. Le goût du risque m'est venu très tôt, sans chercher à le provoquer ou à me prouver quoi que ce soit. Simplement parce que j'en avais envie. À 17 ans, je suis parti en mer en plein mois de février, alors qu'un vent de force 8 soufflait rageusement. Bien sûr, malgré l'hiver, je ne portais pas de combinaison et j'ai été éjecté du bateau. J'ai dérivé dans l'eau froide pendant six heures ; les pompiers et les secours me cherchaient partout. J'ai atterri tout seul sur la côte à 3 kilomètres de chez moi, vers La Prée du côté de la pointe Saint-Gildas, indemne et sans souffrir d'hypothermie. Je ne suis même pas allé à l'hôpital, je suis rentré à la maison discrètement.

Un jour, alors que je venais d'avoir 21 ans, j'ai décidé de partir seul de la pointe Saint-Gildas vers La Trinité-sur-Mer. Pas de sécurité, pas de fusées à bord, et bien sûr les téléphones portables et les GPS n'existaient pas. Un petit sac avec un peu de nourriture et d'eau constituait mon seul viatique. J'ai chaviré au milieu du parcours, j'ai redressé le catamaran sans problème mais j'avais perdu mon sac et ma carte d'identité à 10 milles au large. Deux mois plus tard j'ai reçu une lettre par la poste : c'était ma carte d'identité qu'un touriste avait trouvée sur une plage. Heureusement que je l'avais fait plastifier, car les cartes d'identité étaient encore en carton. Je l'ai utilisée longtemps malgré son séjour dans l'eau. En accumulant ce genre de mésaventures, je me suis acquis peu à peu une réputation de kamikaze.

Avec ma petite amie de l'époque, Nelly, j'ai fait le tour de Corse en dormant sur les plages. Nous allions naviguer dans le Sud-Ouest ou en Catalogne. La météo n'était pas un souci, dans la mesure où je ne m'en préoccupais jamais : depuis mon plus jeune âge, j'ai cette navigation à l'instinct dans le sang. Pendant ce tour de Corse, nous avons enchaîné deux étapes balayées par 45 nœuds de vent. Sur les sept bateaux du départ, nous n'étions plus que deux à résister. Et mes concurrents étaient des mecs de 85 kilos, alors que ma copine, elle, était un poids plume de 48 kilos. Mais elle ne bronchait pas ; elle me faisait confiance. Nous avons chaviré dix-sept fois, le plus souvent volontairement. En effet, à 45 nœuds de vent, un Hobie Cat 16 n'est plus manœuvrable. Pour virer de bord, il faut chavirer ! Cette pratique peut paraître idiote, mais c'est comme cela que ça fonctionne.

En jetant un coup d'œil en arrière, je me rends compte que tout ce que j'ai fait depuis l'âge de 13 ans m'a forgé une solide expérience dont je commence à prendre conscience. Je m'entraîne depuis toujours sans l'avoir prémédité, et finalement le choix d'un petit catamaran de sport pour mon tour du monde n'a rien d'insensé. Au contraire, c'est une décision naturelle et logique : j'ai toujours fait du petit catamaran comme d'autres font de la prose. Jusqu'à l'âge de 24 ans, je n'ai même fait que ça. Je me hissais régulièrement sur les podiums, même si je ne gagnais pas. J'étais un peu trop lourd pour le Hobie Cat 16. Mais qu'importe, j'apprenais en m'éclatant. Tirant tout de même les conclusions qui s'imposaient, je montai d'un cran en Hobie Cat 18, puis en Formule 40 vers la fin des années 1980, des multicoques prototypes de 12 mètres qui ont connu leur heure de gloire avant de s'effacer après un feu de paille.

Jusqu'en 1991, j'étais étudiant ; j'avais alors 20 ans. Je dois avouer que j'ai détesté les études ; ce furent les pires années de ma vie. J'ai abrégé dès que j'ai pu. J'ai tenu le coup cahin-caha jusqu'à bac + 1 et, bien que je me sois fait virer le dernier trimestre de terminale pour absences répétées, j'ai quand même obtenu haut la main mon bac commercial. Puis j'ai fait une première année de DUT en techniques de commercialisation, et là j'ai arrêté les frais. Je séchais souvent les cours... Après un tour du monde en bateau avec mes parents, je me demandais vraiment ce que je fichais là, enfermé dans une salle de classe. J'avais l'impression de perdre mon temps. J'adorais apprendre, mais l'inefficacité du système me rebutait. Je ne pensais qu'à la navigation, à la nature et aux petits oiseaux. J'avais besoin d'espace et de grand air. La vie de bureau et la discipline de la société ne me concernaient pas. Paradoxalement, j'étais d'une timidité maladive. Quand mes parents recevaient des amis à la maison, j'allais me coucher pour ne pas avoir à leur dire bonjour et au revoir. Heureusement, cette timidité m'est bien passée depuis ! J'allais au lycée de Pornic ; mon seul refuge était d'aller naviguer tous les jours après les cours. Notre grand jeu avec les copains était de rentrer sous voile à fond et d'affaler à 20 mètres du bout du port. Ce coup d'esbroufe nous faisait rire aux éclats.

En première, j'avais monté un équipage en Class 8 – un monocoque d'initiation de 8 mètres – et nous avons gagné le premier Trophée des lycées. C'était ma première vraie régate. Notre professeur d'éducation physique nous apprenait déjà à aller à la chasse aux sponsors. Sport et voile, je ne vivais que pour ces deux passions. Au moins, si je ne faisais pas d'étincelles en cours, j'étais très fort en sport. À dire vrai, l'école et moi nous n'étions pas copains : jc me sentais enfermé et formaté. Cette existence manquait de liberté et de fantaisie : rester dans les clous, très peu pour moi ! J'étouffais ! L'envie du large était la plus forte. La bourlingue. Oui, bourlinguer ! Bourlinguer sur toutes les mers du monde, alors là d'accord ! C'est ainsi que je voyais ma vie.

Les débuts furent cependant modestes. Mon bac en poche, j'ai commencé à naviguer avec mon frère et Alain Comyn qui est un excellent navigateur nordiste et un spécialiste des tours de France à la voile et des petits catamarans.

Mon frère Laurent avait déjà remporté la Solitaire du Figaro en 1988, dès sa première participation. Du jamais-vu : des grands noms de la voile ont mis dix ans pour y parvenir ! Laurent est venu, il a vaincu et il n'est jamais revenu. Il a gagné sur un coup de poker dans la dernière étape, sur une renverse de marée, devant celui qui croyait avoir course gagnée et qui s'est effondré. Ce dernier allait courir dix ans de sa vie après la timbale avant de la décrocher, et ce n'est pas n'importe qui : il s'agit effectivement d'Alain Gautier, futur vainqueur d'un Vendée Globe. Si mon frère n'est jamais revenu sur la Solitaire, c'est parce qu'il n'en avait plus ni le besoin ni le temps. À son coup d'essai il avait réussi un coup de maître et il s'était fait repérer par un détecteur de talent au nez creux, grand manager de sponsors et de carrières, homme de communication audacieux, un personnage haut en couleur, partisan des coups médiatiques : Daniel Perrin. Sans transition, mon frère s'est retrouvé skipper d'un de ces trimarans de 18 mètres – les 60 pieds ORMA qui tiennent le haut du pavé –, l'aristocratie de la voile. Avec *RMO* d'abord, du nom d'une société de travail intérimaire, puis avec *Primagaz* où il a glané ses lauriers.

En bon frère aîné, Laurent a embauché son petit frère comme équipier. Je le suis resté de 1989 à 1995. L'opportunité de tourner le dos aux études se présentait, impossible de la laisser s'échapper. Au début, je ne m'engageais pas encore à temps complet, je travaillais aussi chez mes parents l'été. Au retour de notre tour du monde en famille, ils avaient monté une petite entreprise de location de vélos et de rosalies – ces carrioles à pédales qui font la joie des petits et des grands en vacances, à Saint-Brévin-l'Océan. Emploi du temps idéal : l'après-midi j'étais sur l'eau avec mon petit catamaran.

Ensuite, ce fut l'époque des grandes courses océaniques. Mon frère est vite devenu une star et en 1995, je me suis décidé à voler de mes propres ailes. J'ai racheté un monocoque d'occasion nécessitant beaucoup de travaux pour le remettre en état : la quille et le mât étaient à changer. Je me suis lancé à corps perdu dans ce défi et j'ai gagné cette même année la Mini-Transat 6.50, la Transgascogne et le Mini-Fastnet. Une trilogie, un *hat trick* comme disent les footballeurs lorsqu'ils marquent trois buts dans le même match. Du jamais-vu et jamais revu depuis également ! Une spécialité de la maison Bourgnon, il faut croire. L'opposition face à moi se composait de beau monde qui m'en avait fait baver. Je m'étais trouvé confronté à des pointures comme Lionel Lemonchois, Bernard Stamm et Stève Ravussin – ces deux derniers étaient Suisses, comme moi.

C'est aussi à cette époque que j'ai rencontré ma femme Florence, à La Trinité, sur les quais. Subjugué, je lui ai proposé de venir s'entraîner avec moi, au sens littéral : je l'ai emmenée en bateau. Quelques mois après, j'étais marié avec Florence qui n'imaginait pas dans quoi elle s'embarquait…

En 1995, ma victoire dans la Mini-Transat fut acquise dans la première étape. La différence s'est faite sur le physique : naviguer tous les jours développe la musculature, une ascèse qui finit par payer. À un moment, je suis resté soixante-douze heures d'affilée à la barre sous spi – un exercice épuisant réclamant une concentration maximale. Sans relâche, toujours à fond, j'attaquais et j'attaquais encore. À ce régime, j'ai mis huit heures dans la vue des autres concurrents, huit heures gagnées à l'énergie, la « niaque », associée au mental et à la condition physique. Et pourtant j'avais fait une grossière erreur la dernière nuit : j'étais parti en vrac, bateau à moitié chaviré avec le mât dans l'eau, une douche froide ramenant aux réalités. Mon salut est venu d'une préparation méticuleuse comme j'avais vu mon frère le faire. Je n'avais laissé à personne d'autre le soin de s'en occuper et surtout j'avais construit moi-même un mât hypercostaud en carbone alors que les autres s'étaient dotés de mâts de série qui ont cassé… en série ! De mon côté aucune casse, même lorsque mon bateau a été mis K.-O., au tapis. Il s'est redressé sans dommage, mais non sans désordre. Ma femme venue me rejoindre à Madère voulait me faire une surprise, sa présence n'étant pas prévue. J'étais heureux de la voir, mais la pauvre n'a pas dû être déçue. Elle était là pour deux jours et j'ai dormi vingt-six heures…

La deuxième étape m'a soumis à un suspens intense. Le vent était tombé vers la fin du parcours alors que j'étais en tête. Le matin précédant l'arrivée, mon adversaire direct Thierry Fagnent était à l'horizon derrière moi ; le soir, il était à l'horizon devant moi. J'étais vert. Il était deuxième à Madère ; tout allait se jouer sur mon capital de huit heures d'avance. Personne ne savait où j'étais, car ma balise Argos servant à donner les positions ne fonctionnait plus. J'ai cravaché comme si ma vie en dépendait, je ne dirais pas avec l'énergie du désespoir même si je n'en étais pas loin. Voir la victoire m'échapper me tordait le foie. Fagnent arrivé seul en tête croyait avoir course gagnée ; il sablait déjà le champagne de la victoire. Je suis arrivé six heures derrière lui, transcendé par la rage. Comme j'avais huit heures d'avance sur la première étape, j'ai gagné la course avec deux heures de bonus ! Le pauvre était décomposé, il a noyé sa déconvenue pendant une semaine. Plus personne ne misait un kopeck sur moi ; seule ma femme continuait à croire en ma victoire. Elle avait raison !

Je savais depuis longtemps que j'étais heureux en mer. Mais la nouveauté, c'était que j'avais découvert, avec cette Transat victorieuse, mon goût de plus en plus prononcé pour la navigation en solitaire : un bateau, un homme, un océan – selon la belle formule de Blondie Hasler, le créateur de la Transat en solitaire anglaise remportée deux fois par Éric Tabarly. Ma route était définitivement tracée, je suis devenu après ces succès en Mini 6.50 un professionnel de la voile à temps complet. Le manager de mon frère, Daniel Perrin, m'avait trouvé avec Omapi un budget, petit mais suffisant pour y arriver. Cependant j'estimais que les Mini, c'était bien gentil, mais que 5 nœuds au près en vitesse de pointe, ce n'était pas assez rapide pour moi. J'ai tendance à m'ennuyer vite.

En 1996, je me lançai sur mon premier grand multi sans Laurent. Je participai à la Québec-Saint-Malo en équipage avec François-René Carluer sur *Laiterie de Saint-Malo* ex-*Harris Wilson* de Jean Maurel, un bateau acrobatique, peu fiable et très instable, doté de surcroît d'un mauvais gouvernail. Tout pour plaire, mais enfin nous étions bien contents de l'avoir. J'avais embarqué Patrick Poivre d'Arvor à bord, qui a toujours été un amoureux de la mer et des voiliers. Il a été héroïque et stoïque. La mer était forte avec des pointes de vent à 50 nœuds – près de 100 kilomètres à l'heure. L'engin cognait brutalement, c'était très dur à vivre. Le journaliste a perdu 11 kilos sur la course sans broncher. Mieux qu'une thalasso !

La tentative de prise d'indépendance sur la Québec-Saint-Malo refermée avec la satisfaction d'avoir terminé la course en ayant résisté à des conditions difficiles, je redevins avec plaisir l'équipier de mon frère Laurent en 1997, dans la Transat Jacques-Vabre en double. Avec d'autant plus de plaisir que nous avons battu à plate couture le duo Loïck Peyron et Franck Profit, à bord de *Fujifilm*, avec vingt-quatre heures d'avance en Colombie. Je dois avouer que nous avions même traîné un peu pour saluer des amis venus nous voir passer sur des embarcations aux alentours du point de passage obligé du Pain de Sucre – un gros rocher dans la mer devant l'île de Saint-Barth, aux Antilles. Des journalistes de radio et de télévision – TF1, France Info, RMC – avaient même fait le déplacement pour nous interviewer. Nous avions presque mis en panne pendant qu'ils tendaient leurs micros au bout de perches et posaient leurs questions bord à bord sur des vedettes. Cette conférence de presse en mer mérite d'être conservée dans les annales : ce fut un grand moment de la traversée laissant bien augurer de la victoire, puisqu'il nous restait à peine trois jours de trajet pour en finir.

En 1998, la Route du Rhum m'a donné des ailes et j'ai décidé de me lancer tout seul dans le grand bassin. J'ai loué le trimaran de Francis Joyon, *Paragon*, un bon coursier des vagues que j'ai baptisé *Ypréma* pour la circonstance, du nom de mon sponsor. Tout aurait pu bien se passer, mais la mer n'est jamais paisible au nord de la Bretagne en novembre. J'ai démâté au bout de six heures de course devant Perros-Guirec, ce qui ne fait pas bien loin de Saint-Malo… Deux mois d'entraînement réduits à néant en un instant. À oublier…

Heureusement, mon frère Laurent a gagné sa deuxième Route du Rhum de suite, et est entré de plain-pied dans le cercle restreint des marins de légende : une bonne nouvelle au milieu des idées moroses qui m'assaillaient.

Puis la roue a tourné. Laurent a voulu se lancer dans la construction d'un multicoque géant afin de s'attaquer au trophée Jules-Verne, le record du tour du monde à la voile. Je lui ai racheté son fidèle *Primagaz*, instrument de ses victoires, et c'est lui qui est devenu mon équipier dans la Transat Jacques-Vabre 1999 – sans état d'âme, ravi de donner un coup de main à son petit frère, comme il m'appelait. Malheureusement, nous avons déchiré un flotteur, et Franck Cammas en a profité pour nous dépasser pendant notre arrêt dans un port pour réparer. Loïck Peyron quant à lui a eu sa revanche de 1997 en prenant la première place. Nous étions troisièmes, sur le podium.

Pour l'anecdote, en entraînement avant la Jacques-Vabre, nous avons tenté de battre le record de la traversée de l'Atlantique sous le nom de Foncia qui débutait dans la voile. À bord il y avait notamment Laurent Bignolas, le présentateur de télévision, et Jean Troillet, un alpiniste au palmarès éloquent de cent quarante-cinq sommets de plus de 8 000 mètres sans oxygène. Rien que des furieux. Nous étions sponsorisés par le Pays du Beaujolais qui nous avait confié un magnum devant faire le record avec nous et être vendu aux enchères par la suite. À trente-six heures de l'arrivée, nous avions trente-six heures d'avance : le coup impossible à rater. Eh bien si ! Le vent est tombé… Nous voyions le phare du cap Lizard au sud-ouest de l'Angleterre – la ligne d'arrivée – et nous ne bougions plus d'un pouce, scotchés comme nous disons dans notre jargon. Toutes les rédactions nous appelaient, persuadées que le record était dans la poche. C'est Bignolas qui décrochait, la voix plutôt pâteuse.

« À vous entendre, je vois que vous avez battu le record ! Vous êtes en train de le fêter, disait le journaliste dans son studio.

— Bah non… On l'a raté d'une heure », répondait Bignolas d'un ton traînant et faussement détaché.

Nous étions tous bourrés : voyant le record perdu, nous avions ouvert le magnum pour nous consoler et nous l'avions asséché. Jamais il n'a rejoint une vente aux enchères ou un musée, mais il nous a remonté le moral.

Laurent s'est éloigné de plus en plus de la compétition. Il a fait encore une Transat Jacques-Vabre en 1999 avec Philippe Monnet sur *Sopra*, puis il a raccroché définitivement et tiré sa révérence en partant sous les cieux plus cléments de la Polynésie. Il s'est installé dans les îles Sous-le-Vent avec femme et enfants. Je me suis retrouvé seul, tout seul.

Mon frère Laurent n'était plus là, mais j'avais toujours son vieux *Primagaz* devenu ma propriété, et qui continuait sa carrière sous différents noms au gré de mes sponsors. En 2000, il s'appelait *Bayer* et je battais le record absolu de la distance parcourue en vingt-quatre heures à la voile dans la Québec-Saint-Malo avec 675 milles – le gros trimaran *Banque populaire* de 40 mètres l'a porté à 908 milles en 2014. En 2001, j'ai participé à la saison des Grands Prix en équipage. Je courais pour faire plaisir à mon sponsor – toujours

Bayer –, mais ce bateau était désormais dépassé par rapport aux trimarans de la nouvelle génération : il fallait se rendre à l'évidence.

Dépassé en Grand Prix, le valeureux ex-*Primagaz* pouvait cependant encore en remontrer aux autres en solitaire et en transatlantique. En 2002, j'ai tout misé sur la Route du Rhum. Je disposais du bateau vainqueur de la précédente édition en 1998 ; j'y croyais dur comme fer. L'opposition pourtant était relevée : pas moins d'une dizaine de trimarans flambant neufs s'alignaient cette année-là. C'était aussi l'année de la grande hécatombe : ils cassaient les uns après les autres, brisés par les assauts d'une mer furieuse. Mon bateau n'a pas cassé, mais il a chaviré sous un vent de 75 nœuds – en gros 140 kilomètres à l'heure. Philippe Monnet a chaviré en même temps dans la même claque de vent, et le trimaran de Loïck Peyron s'est disloqué : tous au même endroit. J'enrageais, je sentais la course à ma portée. Mes collègues de bureau ont été récupérés par des cargos, mais moi j'ai choisi de rester à bord, à l'intérieur du bateau retourné. Je me suis lourdement trompé. Mon équipe m'avait affirmé qu'elle serait là en deux jours, et je me suis dit qu'ils passeraient vite. Le problème, c'était que le remorqueur missionné pour venir me chercher était tombé en panne. À partir de là, tout est parti en vrille. J'ai dû attendre qu'un remorqueur vienne dépanner le remorqueur. Pour ramer, ça ramait : pire qu'une galère ! Au bout du troisième jour, j'étais transi de froid, je grelottais. À bord, tout était trempé et à l'envers.

Température de l'eau : 10 °C. Température de l'air : 10 °C. Humidité : 100 %.

Le comble était que je n'avais pas d'eau à boire, car elle était stockée dans un endroit devenu inaccessible. Comme quoi des détails auxquels nous ne prêtons pas attention peuvent s'avérer catastrophiques. Chaque fois que je m'endormais, je me demandais si j'allais me réveiller. Je vivais dans l'angoisse et je n'ai pas honte de l'avouer. Si j'avais su que cette situation durerait cinq jours, j'aurais fait comme les autres et je serais monté sur un cargo venu à la rescousse. J'ai bien failli y passer, c'était tangent ; ma décision de rester à bord a été dictée par la panne de ma balise de positionnement qui ne marchait plus. Lié à mon bateau comme un cavalier s'attache à son cheval, je refusais de le perdre. C'était une histoire de famille, il avait passé dix ans entre les mains de mon frère et trois ans entre les miennes, je ne voulais pas qu'il termine sa carrière perdu en mer, et je ne voulais pas être celui qui le perdrait. Seulement le calvaire fut plus long que prévu... Mon équipe a fini par arriver, le bateau a été équipé d'une balise en état de marche et je l'ai récupéré quinze jours plus tard avec un chalutier au large du Portugal. Les assurances m'ont permis de le réparer, et depuis il termine sa vie en faisant du charter aux îles Vierges. La Route du Rhum 2002 a coûté huit millions d'euros à MMA pour deux millions de primes empochées. Les bateaux de course sont devenus très durs à assurer depuis ce millésime mémorable...

Si je raconte ce chavirage épineux avec un grand trimaran de 18 mètres, c'est pour souligner que toutes ces épreuves, inconsciemment, ont formé mon expérience. Patauger dans l'eau, j'ai déjà donné. Un bateau sens dessus dessous, je connais. Donc je ne suis pas pris par surprise lorsque je me retourne avec mon petit catamaran de sport, ou lorsque je suis entraîné dans le maelstrom des tempêtes, des moussons et autres coups de tabac ou coups de chien. Bon, cette précision étant donnée, je devais aller de l'avant.

J'ai profité de ce chavirage pour racheter en 2005 le fameux *Sergio Tacchini* de Karine Fauconnier, un trimaran de la nouvelle génération, avec lequel elle avait remporté la Transat Québec-Saint-Malo. Sous le nom de *Brossard* – mon nouveau sponsor –, je l'engageai dans la Jacques-Vabre 2005. Mon coéquipier était Charles Caudrelier. L'expression « Le mieux est l'ennemi du bien » va se vérifier une fois de plus.

Karine Fauconnier avait fait poser une cuisine dans la coque centrale. Comme j'estimais que le bateau devait être allégé, j'ai fait démonter ces aménagements représentant un gain appréciable de 50 kilos : j'étais content de moi. Malheureusement, ces structures servant à ranger les assiettes et les batteries de cuisine servaient aussi à rigidifier la coque. Du coup la coque centrale a pété en course et nous avons dû abandonner.

Dans ce métier de skipper professionnel, les coups du sort font partie de notre pain quotidien. Il faut savoir les encaisser.

Toujours est-il qu'avec l'achat de *Tacchini* devenu *Brossard*, j'avais envie d'innover et je montai une véritable écurie de courses au large que j'appelai « Team Océan ». Mon idée était simple : les sponsors, parfois déçus par la voile à cause des bateaux qui cassent, réduisaient d'autant leur exposition médiatique, surtout que les grandes courses étaient peu nombreuses. Partant de ce constat, je me suis dit qu'en élargissant le champ, on augmentait les chances de visibilité d'une marque. J'ai décliné pour un même partenaire, sous un même toit et avec la même équipe plusieurs bateaux courant dans des catégories différentes, afin d'avoir une couverture médiatique régulière. Plus de trou dans l'agenda des compétitions. Je me suis retrouvé à la tête d'un grand trimaran de 18 mètres, d'un monocoque destiné à la Solitaire du Figaro, d'un mini-transat de 6,50 mètres et de dériveurs destinés à monter une filière de jeunes qui pouvaient débuter avec nous et faire leurs premières armes dans l'écurie. J'avais également pour objectif de faire construire un monocoque de 18 mètres pour le Vendée Globe. Mes pilotes étaient Fred Duthil, Adrien Hardy, Jérémie Lagarrigue et Thibaut Vauchel. Tout allait pour le mieux dans le meilleur des mondes, sauf que Brossard, célèbre marque de biscuits, s'est retrouvé pris dans une OPA. Le budget fut revu à la baisse, avec l'autorisation de trouver un deuxième sponsor. Deuxième sponsor que nous n'avons jamais eu. Malgré cette lacune dans le financement, l'écurie Team Océan a tenu trois ans. J'en suis fier même si à la fin, comme un ouragan, elle a emporté ma maison.

Bilan de cette période à la barre du trimaran *Brossard* : une cinquième place gagnée de haute lutte dans la Route du Rhum 2006, malgré un vérin de pilote automatique bloqué (le constructeur avait préféré utiliser un roulement à billes chinois de qualité médiocre afin de faire des économies).

En 2007, ce fut d'abord une tentative de record de l'Atlantique. Je guettais la bonne fenêtre météo pendant quatre mois à New York, mais pas la moindre petite lucarne s'entrouvrait. J'avais prévu une traversée en six jours. Franck Cammas, à l'affût lui aussi, avait parié sur une ouverture de quatre jours et il a réussi son coup. Je n'avais plus qu'à remballer ; j'avais perdu quatre mois.

Je me suis attaqué ensuite une fois de plus à la Transat Jacques-Vabre – qui revient tous les deux ans – avec Jacques Vincent. Nous avons commencé par faire une erreur météo au sud du Portugal, mais le pire est que je me suis sérieusement blessé dans un plantage, le bateau tapant contre une lame comme dans un mur. Je me suis écrasé la poitrine sur la barre. Résultat : deux côtes cassées, clavicule et sternum cassés, cartilages écrasés sur l'omoplate. Je souffrais le martyre. Le médecin de la course m'avait affirmé qu'il ne s'agissait que de contusions. Peut-être pour me remonter le moral ! J'ai continué dans la souffrance, mais j'ai mis trois mois à m'en remettre. Un frisson d'horreur me parcourt chaque fois que j'y repense. Le circuit des courses ORMA s'est achevé sur cette note douloureuse fin 2007. J'étais à la croisée des chemins, les poches vides.

Petits bateaux, petits soucis, c'est à ce moment que je suis revenu à mes premières amours, comme une thérapie. En 2008, je suis devenu champion de France de Formule 18 – un petit cata de sport de 5,40 mètres. Rien à voir avec les seigneurs des mers de 18 mètres, qui attendent pour la plupart sur des terre-pleins, alors que moi je reste sur l'eau.

En 2010, j'ai accompli la première traversée de la Méditerranée en petit catamaran avec Jérémie Lagarrigue en cinquante-trois heures, suivie du record de traversée de la Manche en huit heures en F18. Ces résultats m'ont donné envie d'élargir mon champ d'action.

Fin 2011, je suis parti au cap Horn avec Sébastien Roubinet. Mon défi était de passer le terrible cap Horn sur un Nacra 20 – catamaran de sport de 6 mètres. Je m'étais plongé dans une situation périlleuse. Notre périple a débuté à Ushuaia, ensuite nous avons descendu le canal de Beagle vers le Pacifique, puis vers le sud en longeant la côte, nous avons tourné autour du cap Horn et sommes revenus à Ushuaia. Nous n'avons pas été déçus : la navigation était dangereuse. Roubinet, spécialiste des navigations au pôle Nord avec son catamaran *Babouche*, a assuré sans faille. Nous étions dans des creux de vagues de 8 mètres, le vent soufflait à 100 kilomètres à l'heure et il faisait 0 °C. Sébastien a perdu tous les ongles de sa main gauche à cause du froid. Nous prenions les vagues de travers et étions poussés vers les écueils : chavirer là, c'était la mort. Nous étions trempés jusqu'à la moelle, gelés, sans assistance. Nous avions bluffé la police locale en leur faisant croire que nous en avions une. Nous avons réussi notre raid en trois jours : un rodéo glacial court et intense, avec notre vie dans la balance.

De retour à Ushuaia, à peine le pied posé à terre, j'ai pris la décision de faire le tour du monde sur un petit catamaran de sport. L'attrait de l'inconnu et de la nouveauté scintillait devant mes yeux. L'aventure n'avait encore jamais été tentée, alors il fallait bien que quelqu'un s'y colle.

6

La Martinique, escale prolongée

La Martinique, c'est beau, c'est chaud, la végétation est luxuriante et les fleurs éclatantes. La mer émeraude caresse les plages de sable blanc, et les acras pimentés rivalisent avec les arômes du vieux rhum. Autant dire que j'ai toutes les bonnes raisons d'y faire escale, à une exception près : il n'était pas prévu que je m'y arrête. Aller en Guadeloupe me semblait plus direct après une traversée de l'Atlantique, mais mon bateau en a décidé autrement, se liguant avec la force des vagues. Mon safran bâbord, c'est-à-dire gauche, a été arraché par les chocs répétés avec les masses liquides, et je crois que ma tête de mât est fendue. Des réparations s'imposent, et le seul chantier performant que je connaisse aux Antilles est le chantier Alizé Composite, dans la marina du Marin, en Martinique. Je mets donc le cap dessus sans me poser de questions.

À peine arrivé, c'est le service retour au stand en Grand Prix de F1. Le bateau est sorti de l'eau *illico presto*, et les travaux commencent dès le lendemain. Du côté des safrans il y a du boulot, en revanche côté mât c'est une fausse alerte, il s'agit juste de l'adhésif destiné à décorer le mât en bleu qui s'est déchiré, me donnant l'illusion d'une fente tout en haut de l'espar.

Les réparations étant moins graves que supposé, je respire pour mon portefeuille. Je devrais m'estimer heureux, mais je fais un peu la gueule : les safrans, la partie mobile des gouvernails, sont les seules pièces du bateau pour lesquelles j'ai eu recours à un architecte. Les coques, les poutres, le mât sont le fruit de mon expérience et de celle des techniciens du chantier JPS à La Trinité où le bateau a été construit, et je constate que ces éléments fondamentaux n'ont pas bronché : c'est du solide, du costaud. Vive l'empirisme !

Les travaux avancent bon train, mais – coup de tonnerre dans le Landerneau – mon cher petit catamaran se retrouve bloqué dans un imbroglio judiciaire. Je suis vert ! Six semaines vont s'écouler avant que je puisse reprendre la mer… J'aime bien la Martinique, mais je ne pensais pas en profiter aussi longtemps. Mon planning en prend un sérieux coup. Plus inquiétant : je n'aborderai peut-être plus certaines zones à la bonne saison. Voilà qui va corser les choses !

Coincé pour coincé, je me dis qu'après tout il ne serait pas idiot de mettre ce laps de temps à profit. Je dresse une liste des améliorations qui me trottaient dans la tête et, puisque nous sommes dans un chantier naval, je passe aussitôt à la phase réalisation. Comme j'ai pu le constater lors de la traversée de l'Atlantique – durant laquelle j'ai bien failli mourir –, le bateau devient volage à partir de 50 nœuds de vent et risque le chavirage, et je ne suis pas très chaud pour recommencer souvent l'expérience. Première modification, je fais installer des ballasts : 100 litres dans chaque flotteur, soit 200 litres au total. Ça devrait calmer le jeu. Il faut aussi une pompe électrique et des tuyaux. Ce n'est pas rien de mettre tout en place : cent heures de travail de pro – pas du bricolage – sont nécessaires. Deuxième modification : je fais installer un troisième ris dans la grand-voile permettant de réduire encore plus la voilure quand ça souffle fort. Le mât prenant abondamment le vent, je me suis vu passer parfois de 8 à 25 nœuds d'un seul coup sous mât seul dans les sautes de vent. Il n'est donc pas superflu que je puisse mieux maîtriser ma vitesse sous voile si je ne veux pas être entraîné dans des figures indésirables style « grand soleil ». Troisième modification : je fais poser un feu en tête de mât. Je n'en avais pas jusque-là, et – je le reconnais – c'était limite. Être vu la nuit est un minimum. La quatrième modification est dans le même esprit : être mieux repéré par les autres sur les vastes étendues des océans. Souvent, les cargos ne font pas de surveillance à la passerelle, donnant l'impression peu rassurante qu'ils pensent que la mer est vide et leur appartient. Je suis échaudé par les quelques mésaventures où j'ai frôlé la catastrophe en me retrouvant ignoré comme un moucheron par un cargo en trajectoire de collision et qui ne dévie pas sa route d'un pouce. Moi qui ne voulais pas d'instruments électroniques, je fais monter un AIS. Ce système permet de localiser les bateaux dans un périmètre déterminé avec leur nom et leur direction. Bon, l'appareil que je choisis est plus simple : il émet juste ma position sans recevoir celle des autres. N'emportant – volontairement – pas d'ordinateur à bord, un dispositif récepteur ne me sert à rien. L'essentiel est que la sonnerie de l'alarme AIS se déclenche sur la passerelle des cargos. S'ils ne regardent pas, il est à espérer au moins qu'ils entendent. La sonnerie équivaut en décibels à une sirène ou un klaxon. Le principe de précaution ne fait pas trop partie de mes préoccupations, mais l'amélioration de la sécurité destinée à une navigation en solitaire m'a semblé judicieuse. Les risques sont assez nombreux pour tenter d'en limiter quelques-uns.

Pendant toute cette période, je loge sur mon bateau accompagnateur ou chez l'habitant, jamais à l'hôtel.

Dans un souci d'économie bien sûr, mais aussi afin de demeurer dans un certain état d'esprit. Mon idée est de rester immergé dans l'aventure, d'aller à la rencontre des gens au hasard de mon périple et de conserver des conditions de vie spartiates. Dormir sur la plage, oui ! À l'hôtel, non !

La famille Bidault m'accueille. Lui est chef de chantier dans la construction maritime – ports, ponts, écluses –, elle est infirmière. Dans les années 1980, ils ont – comme beaucoup d'autres – construit leur bateau en ferrociment ; c'était la grande mode chez ceux qui voulaient tout larguer pour prendre le large. Pendant une dizaine d'années, ils ont sillonné les Caraïbes avant de se fixer en Martinique où ils ont fini par construire leur maison.

Nous ne nous connaissions pas, mais ces gens s'occupent de moi comme si j'étais un parent proche : ce sont les bonnes surprises et les découvertes des escales. La solidarité des personnes qui chérissent et affrontent la mer n'est pas vaine. Tout avait mal commencé pourtant… À l'occasion du réveillon du 31 décembre, ils m'avaient invité avec quatre-vingts autres personnes, mais je suis allé me coucher tôt sans manger tant j'étais malade. C'est tout de même bizarre, je ne suis malade qu'une fois par an, et c'est toujours le 31 décembre ! L'explication m'échappe… Un mot me vient à l'esprit : psychosomatique ! Hum… Va savoir ! Toujours est-il que je dors beaucoup en ce début d'année 2014.

Une fois réveillé, je vais peaufiner les détails de confort sur mon petit bateau : j'installe des mousses de protection, des petites girouettes, plein de détails qui améliorent le quotidien. Il est toujours bloqué au port mais libre d'accès. J'en profite pour achever tous les aménagements et fignolages que je n'avais pas eu le temps de terminer avant le départ des Sables-d'Olonne.

À la vérité, le stress me gâche la vie : j'ai perdu mon premier sponsor, mon bateau est consigné à quai, et j'attends l'argent qui doit débloquer la situation.

Pour tuer le temps, l'équipage du bateau accompagnateur part faire une croisière, et moi j'entreprends l'escalade de la montagne Pelée à pied. Pas facile ! Je crache mes poumons mais, arrivé au sommet, je me sens beaucoup mieux : j'ai évacué le stress et la rage accumulés à force de ronger mon frein.

Pendant ces jours d'inaction, je m'efforce au maximum de décompresser. Je passe un temps fou au téléphone pour tenter de débloquer la situation, mais j'en profite au bout du compte pour me reposer et me refaire une santé. Peu à peu, au fil des semaines, je me tisse un réseau social d'amis qui m'entourent et avec qui j'échange ma connaissance de la mer, un langage universel. Je me suis lié d'amitié avec un jeune gamin de 14 ans, Thomas – dont le père a organisé mon arrivée en Martinique –, qui est doué pour la voile. Je m'efforce de lui transmettre mon expérience. Je recrute aussi Denis Tisserand, le frère d'Odile Bidault, mon infirmière préférée. À 64 ans, cet ancien militaire qui n'avait jamais navigué – ohé, ohé ! – devient le meilleur équipier de mon bateau accompagnateur. D'un naturel timide au départ, il acquiert rapidement de l'assurance, prenant en main tout ce qui touche à l'électricité des deux bateaux : le mien et sa conserve. Il se révèle également un cuisinier très convaincant et surtout – cerise sur le bateau – il déploie de tels talents pour la photo qu'il devient mon photographe officiel. Il m'accompagnera sur le bateau suiveur jusqu'à Bali et sera le pivot de l'équipe, faisant tourner rond la machine. Ses habitudes prises à l'armée appliquées à mon fatalisme de marin habitué à accepter les choses comme elles viennent auront une influence bénéfique sur mon défi. Un peu de rigueur et d'organisation n'ont jamais fait de mal à personne, surtout lorsqu'il y a un berger pour veiller sur le troupeau ! Je vais regretter ensuite son départ…

La délivrance finit par arriver, mon bateau est à nouveau libre de partir où bon lui semble. Je me sens léger, léger, comme un oiseau de mer planant sur l'horizon. Je suis prêt à m'envoler de l'autre côté du monde. Le doute m'a étreint pendant cette escale dont je ne voyais pas le bout, mais j'ai triomphé des obstacles, et mon rêve peut continuer.

Je vais repartir sur les traces du périple accompli par un boulanger suisse de La Chaux-de-Fonds au début des années 1970, qui décida un beau jour de partir faire un tour du monde à la voile avec toute sa petite famille, alors qu'il ne savait pas nager et n'avait jamais mis les pieds sur un bateau. Sa crinière abondante, sa carrure solide, ses yeux verts et sa voix de tonnerre le faisaient pourtant ressembler à Neptune. C'est du moins comme cela que nous le voyions, mon frère Laurent et moi, dans notre enfance. Charles Bourgnon, notre père, était le dieu de la mer qui nous avait fait aimer les grands espaces océaniques, en nous plongeant dedans quand nous étions tout petits. Il nous a emmenés au bout de la terre, avec notre mère Suzon.

Il a commencé à travailler à 14 ans comme apprenti et à 23 il a ouvert sa boulangerie. Pendant des années – quatorze exactement –, il a développé son entreprise au prix d'un labeur acharné. Il se tuait à la tâche, aidé par ma mère. Mais cette époque a aussi été celle des interrogations : à quoi bon avoir une belle maison sans pouvoir en bouger, alors que le monde est si vaste ? À quoi bon s'épuiser devant un fournil ? C'était l'époque où les gens des villes plaquaient tout pour aller élever des chèvres dans le Larzac ou prendre la route de Katmandou. Mai-68 était encore tout frais.

Le déclic commença avec la lecture du premier livre de Bernard Moitessier, *Vagabond des mers du Sud*. Mes parents s'initièrent alors à la voile sur le lac de Neuchâtel et apprirent à nager. Ensuite mon père partit faire un stage d'un mois aux Glénans, la plus célèbre école de croisière française. Le reste, il l'apprendrait sur le tas.

La boulangerie fut vendue sans regret à ses employés. La somme récupérée permit d'acheter un *Joshua*, un deux-mâts monocoque de 13 mètres de long en acier, identique à celui de Moitessier. Quand mes parents larguèrent les amarres direction les Antilles, fin 1970, mon frère Laurent avait 4 ans, mon père 37 et ma mère 30. Quant à moi, j'étais encore dans les limbes. Mais plus pour longtemps puisque je naquis en juillet 1971 à La Chaux-de-Fonds où la famille avait fini par rentrer et où elle était encore propriétaire d'un chalet.

Quelques mois après ma naissance, mon père revendit le *Joshua* et avec l'argent acheta un café à Tharon-Plage, un petit port de pêche du sud de la Bretagne. Le bistro s'appelait *La Concorde*. Il possédait une grande tonnelle à 50 mètres de la plage et ne désemplissait pas l'été. L'escale bretonne dura sept ans. Trouvant le logement du café trop étroit, mon père acheta un terrain dans les environs et décida de construire sa maison lui-même, avec pour tout équipement une scie sauteuse, un bac à ciment et une truelle : impossible de faire plus rudimentaire ! À 7 ans, je fus embauché comme maçon. Tout comme Laurent, je donnais un coup de main au paternel : je passais les seaux et les tuiles. Nous servions aussi au café en rentrant de l'école. Nous nous sentions utiles.

Satisfait d'avoir construit une grande et belle maison, mon père déclara : « C'est un bel investissement ! Plus tard nous pourrons la louer. » Et il ajouta, à notre stupéfaction : « Puisque j'ai été capable de bâtir ma maison de mes mains, je ne vois pas ce qui m'empêcherait de construire un bateau. » Ni une, ni deux, il acheta une coque nue en aluminium de 12 mètres et entreprit de l'aménager. Il avait alors 46 ans. Son dos le faisait souffrir, mais il faisait tout lui-même avec un petit coup de main des deux frérots tout fiers de l'aider. *La Concorde* fut vendue et la maison louée ; nous campions sous la coque pendant la finition du monocoque. Nous appareillâmes fin 1979. Laurent qui avait 13 ans rechignait à partir et à quitter sa bande de copains, mais moi, qui en avais 8, je ne me rendais pas bien compte. Tout ce que je savais, c'est que j'allais avoir toute ma famille autour de ma petite personne et que je n'irais plus à l'école pendant un bon bout de temps. C'est ma mère qui me ferait la classe en mer et je m'en réjouissais. Je regardais l'avenir avec confiance.

Les souvenirs de jeunesse sont vivaces ; c'est à eux que je pense en quittant la Martinique, ce 6 février 2014. Je pars sur les traces d'un passé heureux, déterminé à recroiser le sillage tracé il y a plus de trente ans. Panama, le canal, les Galápagos, les Marquises, Tahiti, les Samoa, le Vanuatu, la Grande Barrière de corail au nord de l'Australie, Bali, le Sri Lanka, la mer Rouge, le canal de Suez : c'est là que je retourne. J'y ai été heureux pendant ce tour du monde familial exceptionnel : nos parents ont offert un cadeau sans prix à leurs deux fils. Nous y avons appris la vie, le monde et la mer bien mieux qu'à l'école. J'avais 11 ans quand cette grande aventure de l'enfance s'est terminée, et Laurent 16. C'est aussi pour mon grand frère que je me suis lancé dans cette odyssée : je ne l'ai pas revu depuis qu'il s'est installé en Polynésie et j'ai très envie de le retrouver. Y aller en avion serait banal ; avec un petit multicoque non habitable, c'est plus original à mon goût. Je navigue au nom du père et du frère, et pour moi aussi, je dois bien l'avouer.

Quand je sors de la marina du Marin, je suis seul et heureux, libéré de toute contrainte, avec un bateau enfin prêt et sécurisé pour affronter la navigation en solitaire. Seul maître à bord, c'est l'esprit libre que je mets le cap sur Panama.

7

Panama : de l'Atlantique au Pacifique, chapeau !

Février est la pleine saison des alizés : le vent adonne avec la régularité d'un ventilateur, pas trop fort, juste ce qu'il faut. La chaleur est douce. La mer fait patte de velours, ondulant au rythme de la longue houle de l'Atlantique comme disent les manuels, et les creux ne dépassent pas 2 mètres. Bien sûr je suis rincé aux embruns, mais l'eau est chaude. J'entre dans un jeu avec les vagues, au portant sur la route directe de Panama. La vie est belle, il y a du soleil, manquent juste les nanas ! Après les contretemps de la Martinique, je vis cette échappée comme une récompense : une impression d'école buissonnière envahit tout mon être. J'ai le sentiment de me laver de tous les ennuis passés et de tous les tourments de la traversée de l'Atlantique où je me suis fait démonter la gueule et où j'ai failli laisser ma peau, comme nous disons dans le langage rude des marins. Langage imagé mais précis, qui dit bien ce qu'il veut dire, sans s'embarrasser d'euphémismes. J'étais sur mon petit nuage toutes voiles dessus, décontracté, à la fraîche. Soleil couchant…

Encore une preuve qu'il ne faut jamais baisser la garde : j'étais tellement joyeux, la truffe au vent, que je n'ai pas vu venir le grain noir d'encre qui menaçait derrière moi. Sans transition, boum ! je me retrouve à l'envers. Je chute dans la grand-voile, puis je tombe à l'eau alors que l'obscurité de la nuit s'installe. La surprise est totale, mais je n'ai pas peur, pas le temps. Tout de suite je me mets au travail afin de redresser le bateau. La situation est compliquée dans le noir. Par chance, le vent est retombé aussi vite qu'il était monté. Le spi est enroulé autour de l'étai, le mât est posé sur la surface, avec la houle un coup je suis au-dessus, un coup je suis à un mètre sous l'eau. L'idée c'est de ne pas boire la tasse et d'éviter que le mât qui est creux embarque de l'eau, car 10 litres seulement suffiraient à rendre le catamaran impossible à redresser. Méthodiquement je déroule le processus que je viens d'élaborer dans ma tête, l'important étant de garder son sang-froid. J'avance sans me presser, un problème à la fois. Centimètre par centimètre, j'affale la grand-voile, en en laissant un peu en bas pour jouer le rôle d'ancre flottante. Je suis satisfait de la bouée que j'ai fait installer en tête de mât : elle aussi joue son rôle en contribuant à empêcher l'ensemble de s'enfoncer. La situation étant stabilisée, j'attaque la deuxième phase : le retour à l'endroit. La manœuvre est délicate : je dois installer la barre de redressement, une astuce que j'ai concoctée afin de me sortir de ce genre de position scabreuse. Le tout tient dans une pochette installée sous le trampoline ; j'y ai entassé une sorte de quille pivotante devant servir de balancier, des bouts et des cordages. J'installe les bouts à l'avant, à l'arrière, au milieu, ainsi que la barre de redressement. J'attaque la troisième phase : j'escalade la coque en l'air et je donne du mou au mât pour qu'il s'incline du bon côté. Dernière phase, l'heure de vérité : je vais au bout de la barre de redressement et je me transforme en contrepoids. Je deviens en quelque sorte le bulbe vivant de cette espèce de quille provisoire. Cent kilos de bulbe humain dans la balance permettent de redresser 600 kilos de bateau, et j'y parviens seul grâce à la magie des lois de la physique et du principe des leviers. Seulement, l'opération est longue, j'y vais par à-coups, elle prend une heure et demie. J'y vois à peine, je n'ai pas de lampe, j'accomplis ces gestes à la lueur de la lune, mais souvent aussi au jugé et à l'aveugle. Je note dans un coin de ma tête de prévoir une lampe frontale dans le kit de secours sous le trampoline pour une prochaine fois. Bon, la plate-forme est à nouveau dans le bon sens, mais ce n'est pas fini. Je patauge dans l'eau et je dois remonter sur l'animal qui m'a désarçonné. Pas facile de me hisser, car les flotteurs s'élèvent à 60 centimètres au-dessus de la surface. Mine de rien, je dois fournir un énorme effort pour grimper ces 60 centimètres. Je finis par aller attacher un bout à l'avant que je noue en boucle en le laissant pendre et qui me sert de marchepied. De retour sur le bateau à l'endroit après plus de deux heures d'efforts, je suis soulagé mais vanné. Impossible de m'accorder une minute de répit cependant : le mât détendu bat dans tous les sens, et je mets une heure à le retendre. Enchaînant la liste des réjouissances, je sens tout à coup une forte odeur de brûlé. Aïe aïe aïe ! La commande de pilote bâbord commence à cramer : il y a des flammes. Ni une, ni deux, je jette le tout par-dessus bord. Le pire ennemi en mer ce n'est pas l'eau mais le feu. Je suis sauvé, mais je n'ai plus de pilote à gauche. Cette perte ne m'affecte pas outre mesure, je m'estime à trois jours de navigation du but. La disparition du matériel étalé sur le trampoline au moment du chavirage me soucie beaucoup plus. J'ai perdu mon réchaud – je mangerai donc froid –, mon couteau, mes couverts, de la nourriture, des vêtements et des manivelles de winches. C'est vraiment pénible, mais rien ne m'empêchera de continuer.

La grande leçon à tirer de cette mésaventure qui aurait pu tourner au drame est que je ne peux pas continuer ainsi les chavirages à répétition : la succession peut devenir dangereuse. Alors, tant pis pour la gloriole ou la vitesse, je ne garderai plus de spinnaker la nuit. Plus de spi – grand-voile haute – après la prière du soir, mes bien chers frères, mes bien chères sœurs ! Après tout j'ai besoin de dormir aussi, même si mes pilotes automatiques font des embardées et tracent des sillages en zigzag. Mon budget, toujours limité, ne m'a pas permis de me payer de bons gros pilotes de compétition à 6 500 euros : j'ai dû me contenter de pilotes plus simples à 1 500 euros, mais le service évidemment n'est pas le même. Quoi qu'il en soit, je ne dispose plus que d'un pilote en reprenant ma route.

Mais ce qui me chagrine le plus, c'est la perte de mon réchaud à gaz. Même si je sais que je ne vais pas tarder à arriver, manger de la nourriture lyophilisée froide est à gerber. En plus de ces plats, j'ai l'habitude d'emporter des boîtes de sardines et de maquereaux, elles représentent un petit plaisir que je m'octroie à raison d'une boîte par jour. Autre péché mignon en mer, les petits fromages fondus enveloppés de cire : j'en bourre en général un grand bidon en plastique. En bon Suisse, je fais des réserves de viandes séchées, style viande des Grisons. Les fruits secs sont toujours de la partie, c'est facile à stocker et facile à manger quel que soit le temps, et ils débordent de calories bienvenues dans l'effort. Telles sont les bases de mon alimentation un peu monotone pendant ce tour du monde. Concernant l'eau douce, je n'en manque pas. Je consomme 2,5 litres par jour, donc j'en emporte entre 20 et 50 litres. Au-delà le bateau est alourdi, non seulement plus difficile à manier mais également plus difficile à redresser en cas de pépin. Par précaution j'embarque un bidon de secours de 5 litres, sinon j'utilise des bouteilles d'eau minérale.

Deux jours après le chavirage – soit quatre jours après mon départ de Martinique –, je me retrouve face à un cap de mauvaise réputation, considéré comme un deuxième cap Horn sud-américain. Dans ces parages le vent s'établit à 50 nœuds deux cent cinquante jours par an ; la mer est grosse en permanence, creusée de vagues de 7 mètres. Les rafales balaient tout sur une largeur de 200 milles le long de la côte caribéenne : un enfer au paradis. C'est l'endroit où j'ai rencontré la plus mauvaise mer depuis mon départ. J'ai l'impression d'être sur une piste noire : je dévale les pentes liquides, concentré à l'extrême. Se mettre en travers serait fatal. C'est la tempête, mais le ciel est d'un bleu limpide et il fait chaud. Pas de pluie tropicale. Je parviens à me frayer un chemin à 10 nœuds de moyenne. J'aligne régulièrement 200 milles par jour – près de 400 kilomètres ; je taille la route en glisse totale. Je dois avouer que je m'éclate malgré la tension qu'exige la traversée de cette zone impétueuse ressemblant à s'y méprendre à une tempête. Ce régime dure dix-sept heures durant lesquelles l'excitation le dispute à l'exaltation. Mon bateau accompagnateur casse sa bôme ; il résiste moins bien que le mien à la mauvaise humeur de l'océan aux abords de Panama.

L'arrivée sur Panama ne présente pas de difficulté particulière, à un détail près : je n'ai pas de carte marine de la zone. En m'approchant, je croise de plus en plus fréquemment d'énormes porte-containers. Je longe la terre sur une centaine de kilomètres juste après l'extraordinaire archipel des San Blas : la côte est couverte de jungle. J'admire ce paysage somptueux à la nature préservée. La météo est idéale : petit vent de 15 nœuds et grand soleil. Seule inquiétude : le grand nombre de cargos. Ma carte couvre la zone Martinique-Panama, mais je ne dispose pas de détails sur l'arrivée dans le port de Panama. J'ai juste jeté un coup d'œil à Google Earth sur Internet avant de partir. Je me souviens qu'il faut aller au fond à droite en entrant dans le port. Par bonheur, je fais mon entrée de jour sous le soleil, ce qui me permet de déjouer des pièges tapis à fleur d'eau, comme des blocs de coraux – appelés familièrement « patates ». Le port de plaisance se trouve bien à droite comme entrevu sur Google. Tout va bien, même si l'amarrage est un peu sportif ; sans moteur, je dois avancer le plus loin possible à la voile et sauter sur le ponton pour freiner mon fier coursier et l'empêcher de taper sur le quai. Une surprise très agréable m'attend : un couple de jeunes retraités suisses, Roland et Jocelyne Muller, m'accueille. Ils ont pour programme de parcourir tous les océans du monde jusqu'à la fin de leurs jours. Ils ont été prévenus de mon arrivée par un autre couple suisse qui suit mon aventure de près : c'est un peu le téléphone suisse en action ! Leur aide m'est précieuse, car mon bateau accompagnateur a pris du retard à cause de sa bôme cassée ; il arrivera huit heures après moi. Pendant ce temps, mes nouveaux amis helvètes me prennent en main. Ils m'accueillent sur leur bateau, m'invitent au restaurant et me guident pour les formalités. Le charme d'un tour du monde, ce sont précisément ces rencontres, ces élans de solidarité venant d'inconnus qui réchauffent le cœur. Je passe ma première nuit panaméenne à bord de leur bateau.

Roland se met à ma disposition avec sa voiture ; il m'emmène à Panama City, à 80 kilomètres de là, porter la bôme du bateau suiveur – qui ne suivait pas, mais qui a fini par arriver. Nous trouvons un soudeur sachant recoller les morceaux. L'opération dure un certain temps. Le guindeau, lui aussi cassé, est réparé. Mon tender, *Idéo*, a finalement été plus marqué que mon petit bateau dans cette étape de fin de parcours en Atlantique.

L'escale de Panama dure dix-sept jours. Encore une longue escale bien loin d'être des vacances. Ce sont dix-sept jours de travail acharné qui nous laissent épuisés, car il a fallu en effet que je démonte mon petit multicoque. Naïvement, je pensais pouvoir passer le canal de Panama tout bonnement en remorque derrière mon bateau d'assistance. Étonnamment, cette solution en apparence simple coûtait plus cher que pour le gros tender : l'équivalent de 3 000 euros ! Cher canal… La somme imprévue grevait trop mon budget, donc je me suis résolu à démonter mon bateau et à le charger sur son grand frère largement dimensionné pour l'accueillir avec ses 17 mètres de long. La tâche se révèle énorme, longue et fastidieuse, le côté positif est que le démontage permet un check-up complet de *Ma Louloutte*. En démontant le mât, je m'aperçois qu'il est délaminé à la hauteur des barres de flèches. Le délaminage intervient schématiquement lorsque les feuilles de tissu en fibre de verre ou en carbone collées entre elles commencent justement à se décoller, rendant alors progressivement l'ensemble guère plus solide que du carton. Tant que le mât était en l'air, je ne pouvais pas m'en rendre compte, et si je n'avais pas dû démonter mon bateau, je n'aurais rien vu et il se serait brisé en plein Pacifique, transformant mon bateau en radeau. C'est ce que j'appelle le destin !

La réparation doit être sérieuse : le mât et les voiles sont mes moteurs. Je donne un coup de fil à un ami, Étienne Giroire, un Français installé à Miami à la tête d'un chantier naval. Il me donne le contact d'un spécialiste des matériaux composites dans l'écurie automobile Audi, vivant lui aussi à Miami, et qui n'hésite pas à prendre l'avion avec sa compagne afin d'effectuer les réparations sur place.

Je préfère réparer après avoir traversé le canal. Une fois de l'autre côté, je m'occupe du remontage des flotteurs, tandis que Laurent Gaudillat consolide le mât dans les règles de l'art, en le renforçant de l'extérieur avec un emplâtre en carbone appliqué sous vide. De la besogne bien faite : il a travaillé douze heures par jour pendant trois jours. Autant j'ai aimé l'ambiance de la marina d'arrivée, autant je déteste l'ambiance du canal et de Panama City. C'est une pompe à fric, tout est payant et cher. Je dois payer 600 dollars pour remonter mon catamaran sur un terre-plein, 60 dollars pour utiliser une cale de mise à l'eau, et les pièces sont hors de prix. Le tender reste au mouillage tellement le port est cher, et les autorités portuaires lui refusent même de venir à quai faire le plein d'eau. Le port au bout du canal côté Pacifique est bourré de grosses vedettes de pêche au gros affrétées par des amateurs fortunés se piquant d'aller tourmenter le marlin. Nos petits voiliers n'intéressent personne. Au Panama, il y a les riches, très riches, et l'immense majorité du peuple au seuil de la misère, payé 400 dollars par mois pour ceux qui ont du travail.

Cela dit, le canal de Panama est un endroit mythique, un passage entre deux océans creusé de la main de l'homme et drainant un trafic commercial incroyable. Un agent est obligatoire pour transiter par le canal ; j'en choisis un sur les conseils de Roland, mon précieux ami suisse transformé en régional de l'étape. Une semaine avant, il vient mesurer le bateau, le gros, puisque l'autre, le petit, fait le voyage démonté sur le pont, et il me donne rendez-vous à 2 milles de l'entrée du canal. Pour attendre le pilote, il faut mouiller à un point précis. Ce dernier arrive, sympathique, détendu, pour ne pas dire cool. Les pilotes sont rémunérés bien sûr, mais en général ce n'est pas leur activité principale, beaucoup ont un autre métier. D'où le côté dilettante peut-être. Les petits bateaux – donc nous – sont d'abord conviés à entrer les premiers dans l'écluse, avant les gros cargos. Certains sont tellement gros qu'ils frottent sur les pneus disposés le long des murailles du canal, donnant l'impression qu'ils ne vont jamais pouvoir rentrer, comme des chameaux espérant passer à travers le chas d'une aiguille. Le spectacle est fascinant. Le canal est doublé d'un nouveau grand canal dont les travaux sont abandonnés après la faillite de la société espagnole chargée de la construction. Les écluses du nouveau canal sont pharaoniques, les portes font 50 mètres, soit la hauteur de l'Arc de triomphe. L'ancien canal n'est pas saturé par le trafic, mais sa technologie datant d'un bon siècle est dépassée. Son eau se vide des deux côtés des océans, l'Atlantique et le Pacifique, si bien qu'à un moment il n'y a plus d'eau pour faire passer les bateaux, ce qui limite le débit. Dans le nouveau canal, l'eau doit être repompée au fur et à mesure, ce qui devrait permettre de faire passer plus de bateaux plus rapidement. Dans le canal creusé par Ferdinand de Lesseps, trois écluses montantes doivent être franchies avant d'atteindre le Pacifique ; nous passons directement d'une écluse à l'autre. Dans l'une d'elles, nous faisons du troc avec un bateau américain. Nous échangeons des boîtes de pâté français contre du café vert – comme l'aiment nos amis américains, insuffisamment corsé au goût de nos palais français mais mieux que pas de café du tout – et des mugs. Il s'agit d'un remorqueur se rendant de la Louisiane à la Californie. Nous devons mouiller sur une bouée le premier soir, car la navigation de nuit est interdite sur le canal. Nous nous retrouvons sur un lac entouré de jungle : j'ai l'impression de camper en pleine forêt vierge ! L'air retentit de cris d'oiseaux et de singes, la nature est luxuriante et bruyante. Le pilote nous a quittés pour la nuit et revient à 8 heures du matin. Nous repartons à 6 nœuds sur le lac, naturel au début, prolongé par un canal artificiel coupant tout droit une montagne. Le dénivelé atteint 12 mètres, donc il ne faut pas traîner avec les amarres sous peine de rester suspendu en l'air dans le bassin. La manœuvre est impressionnante mais pas angoissante, même si la présence d'un paquebot derrière nous inquiète un peu la fine équipe du petit voilier de croisière que nous sommes. D'énormes machines à vapeur raidissent et relâchent les élingues des cargos suivant la progression.

Après la sortie des écluses, nous déposons le pilote ainsi que les amarres et les pare-battages prêtés par le yacht-club de Balboa, et le bateau d'assistance en profite pour faire le plein de carburant – à un prix très bas, curieusement, alors que tout le reste est cher. Le remontage de mon fidèle petit catamaran prend quatre jours, et je me retrouve prêt à attaquer un nouvel océan à bras-le-corps : ce fameux Pacifique annonciateur de délices, dont le nom cependant ressemble plutôt à une publicité mensongère. Une longue étape m'attend, la sixième, vers les Galápagos, une trotte de 1 000 milles. Aller voir les tortues, c'est bien, mais elles représentent à mes yeux une coupure nécessaire sur la route des Marquises, mon véritable objectif. Là où j'ai rendez-vous avec moi-même.

8

Les Galápagos, patrie des tortues géantes et du tourisme

Arrivé le 9 février au Panama, j'en repars le 22 après deux semaines riches en rencontres mais harassantes, et la découverte d'un des lieux les plus mythiques du monde, le canal de Panama qui relie deux océans en évitant le contournement de l'Amérique du Sud et le passage du dangereux cap Horn. J'appréhende cette section de mon parcours dominée par des vents et des courants contraires. Je sais que cette étape, la sixième, en pleine zone intertropicale, risque d'être longue et de mettre ma patience à rude épreuve.

Je quitte Panama City au soleil couchant. J'ai tendance à partir quand je suis prêt : je me fiche de savoir si c'est le matin, l'après-midi ou le soir. Le vent est portant – ce qui est plutôt une bonne surprise – mais faible. Tellement faible qu'il s'esbigne complètement. Je reste toute la soirée à contempler la barrière des immeubles, la *skyline* comme disent les Américains – tu parles d'un plaisir ! Lentement je me déhale et l'envie me prend d'aller voir de plus près les îles Perlas, à 30 milles de Panama City, qui ont la réputation d'être un petit paradis. En passant entre les îles de l'archipel, une des dérives se prend dans un filet de pêcheur ; elle est coincée et ne veut rien savoir pour se débloquer. Secoué par une houle inconfortable de 1,50 mètre, j'entreprends de me débarrasser du filet trop affectueux. L'opération me fait perdre trois quarts d'heure en pleine nuit noire. Pour tout arranger, le vent se met une fois de plus aux abonnés absents, et je reste sans bouger jusqu'au lendemain matin. C'est désespérant ! Je ne peux me remettre en route avant le lever du jour... Je n'insiste pas et prends le large, toujours sur ma faim. Je n'ai rien vu des Perlas, mais c'est une petite déception au regard de la satisfaction de m'en tirer à bon compte sans avoir rien cassé.

Au troisième jour après le départ, j'avance vite, poussé au vent arrière en remontant vers le nord, lorsque je rencontre des arbres entiers avec leurs branches dérivant en haute mer. Je traverse un véritable champ de mines, étreint par l'angoisse. Arrive ce qui devait arriver : je tape un tronc, et ma dérive se coince en reculant dans le puits. Ma vitesse en prend un coup. Je n'ai pas le choix : je dois la réduire et entamer une séance de bricolage afin de décoincer ma deuxième dérive avec des palans de fortune tout en slalomant entre les arbres dont on se demande ce qu'ils font là au milieu du Pacifique. Je dois éviter un tronc tous les 20 mètres. La chaleur est écrasante et pèse sur ma tête et mes épaules ; il fait 40 °C à l'ombre – je n'ose même pas imaginer la température au soleil. Je suis pile sur l'équateur. Comme il n'y a toujours pas de vent, les pilotes sont inefficaces, et le bateau tourne sur lui-même, l'ombre des voiles tournant en même temps. Je me retrouve trop souvent exposé au soleil, je meurs de chaleur. La tentation est grande, mais je m'interdis de me baigner pour me rafraîchir, car le sel de l'eau de mer irrite la peau. Et puis c'est trop dangereux : combien de marins se sont noyés en se baignant au large en voyant leur bateau s'éloigner, poussé par le courant ou un retour sournois du vent ?

Autant éviter ! Devenu une sorte de radeau languissant, mon bateau tourne en rond et le cagnard m'assène ses rayons brûlants sur le crâne et le visage : j'en prends plein la figure ! Ce supplice me fatigue plus qu'une tempête. L'insolation finit par arriver : j'ai de la fièvre, je transpire énormément, je me sens complètement ramolli. Un chapeau de toile me protège la tête, mais il ne s'avère pas suffisant, d'autant que je manque d'eau douce pour le mouiller et que je ne veux pas le tremper dans l'eau de mer, toujours pour la même raison : éviter le sel. Ma combinaison m'irrite autour du cou à cause de la transpiration, mais me déshabiller serait encore pire. Avoir la peau du visage tannée comme du cuir ne me dispense pas de m'enduire de crème solaire et d'écran total : je ne lésine pas sur la quantité. Afin de garder le moral, je me dis que c'est un entraînement pour des régions encore plus extrêmes, quand je serai en butte aux 50 °C à l'ombre – s'il en existe –, dans la partie de mon tour du monde traversant le golfe Persique et le Moyen-Orient. En attendant, je stagne à 300 milles des côtes après quatre jours de navigation et je bous dans la marmite. Le ciel est bizarre : il est bleu mais parcouru de gros nuages noirs. Cela dit, rien à voir avec le pot au noir côté Atlantique. Il ne pleut pas, et le temps n'est pas orageux. Petit à petit, le vent revient, agréablement maniable. En fait, fin février est la bonne saison pour traverser cette portion du Pacifique. À part l'insolation et l'attaque des troncs d'arbres, c'est plutôt une traversée tranquille ; lente mais tranquille. D'ailleurs, dès que s'estompent ma fièvre, mes maux de tête et mes frissons, je profite du temps qui passe. Comble de mon acceptation de la mollesse ambiante, j'ouvre un livre pour la première fois depuis le début de cette aventure. Je relis *Fortune de mer* d'Olivier de Kersauson, un des rares livres que j'ai emportés et mon préféré. À cette époque, dans les années 1970-1980, les marins de sa trempe ne couraient pas après l'argent mais juste après l'idée séduisante de faire le tour du monde à la voile. Aujourd'hui, tu proposes à un marin de venir faire le tour du monde dans ton équipage, tu l'entends répondre : « Oui, d'accord. Combien tu payes ? » J'aurais aimé vivre ce temps-là où les mecs prenaient la mer par passion, acceptant de n'être pas payés, les sous manquant en permanence à l'armement des bateaux de course, parfois même y mettant de leur poche. Chez Tabarly dans les débuts, il y avait une caisse de bord alimentée par tout un chacun destinée à payer les frais et la nourriture. Ils prenaient des risques pour la beauté du geste, la soif de l'aventure et de la découverte. Le sens marin imprégnait la navigation, le flair et le pif remplaçaient les instruments électroniques, les données satellites et les ordinateurs qui désormais anticipent toutes les décisions. Les icebergs, les cargos se scrutaient à l'œil et à la jumelle, pas au radar. C'est l'ambiance que j'ai voulu retrouver en me lançant dans les affres de ce tour du monde à l'ancienne. Le goût du risque et le goût du danger ne sont pas tant mes motivations principales : je veux ressentir les vibrations des pionniers de la course au large, ces marins de légende qui ont tout inventé.

La démonstration par l'absurde, je l'ai rencontrée quelques jours plus tard en arrivant aux Galápagos – que j'ai mis sept jours et demi à atteindre. J'y ai rencontré un navigateur israélien qui avait fait installer tous les équipements de son bateau en triple. Complètement maniaque, ses équipées maritimes étaient programmées sur vingt ans : il savait exactement où il serait tel jour de telle année. Une démarche effrayante ! À mon contact, il a pris conscience qu'il en faisait certainement trop. Son bord recelait bien une tonne de matériel inutile. Dans un éclair de lucidité généreuse, il m'a donné une dizaine de cartes marines qu'il possédait en double ou triple exemplaires.

En vérité, je suis content d'avoir trouvé les Galápagos. Si je les avais ratées, j'étais bon pour continuer sans escale jusqu'aux Marquises et ça aurait été long, trop long. Après un commencement d'étape difficile, je termine en forme. Je récupère vite. J'ai tellement peur de passer à côté de mon objectif que je me mets à faire le point sur les étoiles. Je me rends compte, en effet, que mon point est plus fiable en prenant mes repères juste après le coucher du soleil, lorsque l'horizon est encore visible et que se lèvent les étoiles. À partir de cette arrivée sur les Galápagos, j'établis un rituel : tous les jours je fais le point à la nuit tombante après ma toilette. Je vise quatre à cinq étoiles ; ça va vite, en vingt minutes le tour est joué. Le résultat est plus précis qu'avec le soleil, et les calculs pour situer ma position sont moins longs. Je sélectionne les étoiles les plus lumineuses, car ce sont les plus simples à repérer. Je commence par Orion, ensuite le Scorpion. Tous les jours le ciel se décale un peu. Plus je navigue vers l'ouest, plus je découvre de nouvelles étoiles. Je commence par voir un bout d'Hercule et je finis par la voir entière. En compétition, il est impossible de les admirer ; l'envie de prendre ce temps est une des raisons qui m'ont poussé à m'embarquer dans cette aventure. Je voulais redécouvrir la navigation au sextant et, je dois l'avouer, je m'éclate. Contempler les astres, prendre son temps, admirer les traces des étoiles filantes… quel plaisir ! Pour corser le jeu, je m'amuse à naviguer comme les Grecs au temps d'Ulysse, sans sextant, en fixant l'étoile Polaire dont l'inclinaison sur l'horizon donne pratiquement la latitude, puisqu'elle est fixe au-dessus du pôle Nord. Évidemment, ce n'est vrai que dans l'hémisphère Nord. Dans l'hémisphère austral, le choix est grand entre la Croix du Sud, le Scorpion, Canopus et même Mars, très visible et très rouge. En revanche, petite concession au modernisme, je fais mes calculs à la calculatrice, la difficulté du sextant est suffisante. Le mien est tout simple, en plastique, et par conséquent pas toujours très précis. L'écart peut atteindre 2 ou 3 degrés, donc je dois veiller aux corrections. La calculatrice que j'utilise intègre un répertoire de cent étoiles. Un sextant, une montre et une calculette sont suffisants pour se situer sur l'étendue des océans, mais la montre doit être très précise ; une erreur d'une minute, et c'est 60 milles d'écart. Mieux vaut éviter.

Les Galápagos rameutent un troupeau de petites îles distantes d'une journée de navigation entre elles, regroupant 25 000 habitants – le double des Marquises. La plus grande est Isla Isabella, mais je fais halte à San Cristóbal, la troisième de l'archipel – classé patrimoine mondial de l'UNESCO depuis 1978. Ce sont les conseils d'un skipper vénézuélien de maximonocoque rencontré dans mes périples qui me poussent à choisir cette île. Il m'avait affirmé qu'elle recelait des bars sympas et animés et des filles accueillantes. Puisqu'il faut faire escale, autant se détendre et s'amuser. Je ne suis pas rentré à la Trappe en partant faire le tour du monde. Trouver San Cristóbal requiert un peu de concentration : l'île est petite alors que la Martinique, par exemple, est grande et haute sur l'eau, impossible à rater. Je me livre à un jeu de piste plaisant : parvenu au matin devant San Cristóbal, je la longe toute la journée, accostant seulement de nuit. Autant dire que je navigue plus à l'oreille qu'à vue. Je me fie au bruit du ressac sur les récifs et j'essaie d'évaluer la distance à l'ouïe, selon l'intensité. « Ah tiens ! Là je pense être à 200, 100 ou 50 mètres du bord. » Je retrouve mon bateau accompagnateur et je m'amarre à couple. J'entends alors un vacarme assourdissant : ce sont les otaries, des animaux très bruyants. Le matin, je me réveille avec trois spécimens de 150 kilos sur le trampoline. Rencontre sympathique et cependant je m'en passerais : ça perd ses poils et ça pue, ces bestiaux. Aux Marquises, mon cata sentira encore l'otarie. Mon trampoline est transformé en poubelle.

Sans vouloir jouer les rabat-joie, les Galápagos sont magnifiques mais très chères. La sélection des touristes se fait par l'argent. Un permis de séjour de trois semaines coûte en moyenne 700 dollars. Je ne voulais ni payer autant ni rester aussi longtemps. Pour couper à la redevance, je prétexte une panne sur le groupe électrogène du voilier d'assistance. Les autorités viennent vérifier mes allégations, mais nous sommes en pleine période de vacances pour mardi gras... Complaisantes et débonnaires, ces braves autorités nous accordent le droit de rester jusqu'au jeudi. Nous repartirons en fait le vendredi, après avoir tiré cinq jours sans payer. Débrouillardise franco-suisse ! Nous révisons le groupe électrogène tout de même et nous opérons une réelle maintenance sur le petit cata que nous faisons passer pour l'annexe du gros de peur d'avoir à payer pour deux au cas où l'on nous réclamerait des sous. Je ne m'autorise qu'une journée complète de visite de l'île. Les fameuses tortues géantes terrestres sont au rendez-vous, elles mesurent 1,50 mètre de long, et sont parquées dans des enclos pour les protéger (elles sont en voie de disparition) et pour favoriser leur reproduction. Les iguanes ont plus de chance, ils sont en liberté mais ils se cachent, appliquant l'adage « Pour vivre heureux, vivons cachés ». Longs de 1,50 à 2 mètres, extrêmement vifs, il faut aller les chercher dans les cailloux. La végétation est très rase, battue par les vents. La flore n'est pas riche : on a tendance à trop idéaliser les Galápagos, me semble-t-il. Le lieu est intéressant, mais pas exceptionnel. Brut et sauvage certainement, toutefois envahi par des dizaines et des dizaines de motor-yachts engendrant pollution et bruit. À parler net, même si ça vaut le détour, ce n'est pas l'un des paradis de la planète. Cependant je ne suis pas déçu, je n'étais là qu'en escale. Quant à y venir exprès, c'est une autre affaire. Un bon point pour l'archipel qui appartient à l'Équateur, personne n'y manque de rien, ni les animaux ni les hommes.

En ce qui me concerne, son attrait est de se trouver sur la route des Marquises et de représenter une coupure permettant de me reposer à 2 000 kilomètres de Panama et à 6 000 kilomètres des Marquises de mon enfance. Sinon je n'y serais jamais allé et je n'aurais rien manqué.

9

Révérence aux Marquises

Et par manque de brise,
Le temps s'immobilise
Aux Marquises[1].

Sans pleurs ni regrets je quitte les Galápagos en début de soirée, le 7 mars de l'an de grâce 2014, après une courte escale de cinq jours et quelques heures. Mon départ est salué par un coucher de soleil d'anthologie, paré de plus de cinquante nuances de rouge d'un autre monde. L'air est doux et la mer clémente : pour un peu je me croirais en vacances. La brise caresse ma barbe et mes cheveux, moment sensuel et idyllique. Très vite je dépasse une petite île qui n'est recensée nulle part sur la carte, et le rêve se brise : le vent chute sans prévenir. Je n'avance plus d'un pouce : que faire ? Afin de ne pas perdre complètement mon temps, j'en profite pour dormir. L'île est loin, et je ne flaire pas de danger imminent. Je sombre alors dans un profond sommeil. Au milieu de la nuit, je me réveille avec un petit creux et me lève à la recherche d'un truc à grignoter. En passant sous la bôme, je me retrouve soudain nez à nez avec une otarie qui se

1. *Les Marquises*, Jacques Brel.

redresse à ma hauteur. La surprise s'inscrit dans les deux camps ; nous avons certainement aussi peur l'un que l'autre. Je me méfie, car les morsures d'otarie sont cruelles et comportent des risques d'infection. Dérangée elle aussi en plein sommeil, la bête ne demande pas son reste et plonge, laissant en souvenir derrière elle une odeur désagréable et tenace.

À l'aube, il n'y a pas plus de vent. Je me suis cru au paradis et je plonge en enfer. Le soleil m'écrase encore, implacable. La chaleur me pèse, je suis mal, l'insolation me guette à nouveau. Je traque la moindre zone d'ombre, je vais jusqu'à m'enrouler autour du mât. C'est là en effet que la voile fait un peu d'ombre, mais elle se réduit comme peau de chagrin. Je tourne sur le bateau en suivant la course du soleil et le rythme des vagues qui oriente à bâbord ou à tribord la pointe des étraves. La température doit bien atteindre 50 °C ; je brûle en faisant du surplace. L'épuisement me gagne, me laissant amorphe et desséché. La déshydratation est un phénomène terrible qui fait perdre ses forces ; les signes avant-coureurs sont justement des coups de fatigue. La soif est le symptôme prévenant le corps qu'il a besoin d'eau. Impossible de dormir en attendant que ça passe, je brûle encore plus en restant immobile. Tout ce que je peux faire est de me couvrir au maximum afin d'éviter les brûlures du soleil qui peuvent mordre jusqu'au troisième degré. Le supplice s'achève au bout de trois jours avec le retour d'un vent anémique. Je redémarre à petite vitesse, mais qu'importe, ça ventile, c'est l'essentiel.

Sur ma trajectoire je rencontre une tortue, pas très grosse mais de taille respectable – sa carapace mesure dans les 60 centimètres. Pas du tout effarouchée, elle se frotte sur mes coques et m'emboîte le pas tranquillement, accompagnant mon sillage. Son comportement m'intrigue ; je m'arrête dans le but de l'observer, puis je me mets à jouer avec elle. Je lui tourne autour tout doucement, et elle se laisse caresser la carapace. C'est à croire qu'elle est apprivoisée ! En tout cas sa confiance est émouvante : elle n'a jamais dû rencontrer d'être humain. Elle est complètement seule au milieu de l'océan et pendant longtemps je me demande comment elle est arrivée là et pourquoi. C'est ce genre de petites énigmes qui m'agitent en navigation et me donnent à réfléchir.

Parmi les petites choses qui font que l'on ne s'ennuie jamais en mer, un fou de Bassan vient se poser sur mon tangon à l'avant. L'atterrissage est difficile, il ne réussit à s'accrocher qu'à la deuxième tentative, mais alors là il ne lâche plus le morceau. Le spectacle est fascinant, le tangon plonge régulièrement dans l'eau, l'oiseau est recouvert par les vagues sans broncher, il s'agrippe obstinément. Le manège dure deux heures avant qu'il ne redéploie ses ailes. Certainement épuisé, il a dû prendre le temps de se refaire une santé. Les fous de Bassan s'approchent souvent des bateaux et guettent les poissons volants levés par les coques. Leur tactique est impressionnante, ils anticipent leurs trajectoires comme s'ils avaient un ordinateur dans la tête et dirigent leurs vols en direction de la manne nourricière. Les poissons volants abondent en mer et les gros, les exocets, font mal quand ils viennent vous frapper en plein vol. Je m'en suis pris partout ! Sur les bras, les cuisses, dans l'estomac, là ça passe encore, mais dans la figure le choc secoue et on voit trente-six chandelles ! J'en ai pris un, une fois, dans la salopette de la combinaison : la sensation est bizarre, la bestiole gigote dans tous les sens, plus que le frétillement du goujon. Dès que je le peux je les remets à la mer, cependant la nuit je ne les vois pas. Au matin le trampoline de mon catamaran est transformé en filet de pêche, couvert de poissons volants. Ils m'éviteraient probablement la famine si un jour je n'avais plus de ravitaillement, mais je préfère m'abstenir : le poisson volant, bourré d'arêtes, n'est pas très bon. Je sais que certains collègues s'en font griller à la poêle sur les transats et les Vendée Globe pour améliorer leur ordinaire et se procurer quelques vitamines fraîches. La recette est simple, faire chauffer la poêle avec du beurre ou de l'huile, ouvrir le poisson volant en deux après l'avoir préparé, et le poser à plat comme un livre ouvert dans la poêle.

Au cinquième jour vers les Marquises, changement de décor. Le ciel vire au gris, la pluie chasse le soleil, la mer s'allonge formant une longue houle de 2 mètres de creux, le vent s'établit à 20 nœuds, on ne peut pas appeler cela du beau temps. Je l'accueille cependant avec gratitude : ce ciel couvert est en train d'épargner ma peau au sens propre en m'évitant de me racornir comme un vieux parchemin au soleil. La pluie est désagréable, mais certainement moins que les coups de soleil. Trempé en permanence, j'ai l'impression de vivre sous la douche, je n'ai plus de vêtements secs. En dépit de l'inconfort ambiant, je vis un grand moment de plaisir et d'efficacité. Un vent constant de 20 nœuds me pousse à 10 nœuds de moyenne, les milles s'alignent sur la route directe, me donnant la sensation d'avoir touché le jackpot. Dès que je dispose d'un peu de temps, j'envoie mes vêtements trempés dans le gréement en tirant sur les drisses dans la folle espérance de les voir sécher. Mais comme il pleut sans arrêt, c'est d'une totale inutilité. Le rythme soutenu fatigue le bateau, je le sens bien, le pilote automatique barre en zigzag, forçant sur les safrans. Arrive ce qui ne devait pas arriver, le safran au vent se casse en deux. C'est la première fois que cette avarie m'arrive depuis que je cours sur les océans. Mon adrénaline grimpe en flèche, il me reste 3 000 kilomètres à parcourir encore jusqu'aux Marquises sur un seul safran, l'avenir immédiat ne s'annonce pas comme une partie de plaisir. Appuyé sur mon unique safran sous le vent, je m'attends au pire, et comme le pire n'est jamais sûr, je constate que le bateau marche mieux dans cette disposition qui, à ma surprise, soulage les coques. Bien sûr, la présence des deux safrans est un élément de sécurité important : si mon deuxième et unique safran valide casse, le catamaran risque de chavirer. Autre risque, celui de dériver pendant des semaines sans pouvoir aborder une terre, ballotté par les courants. Je suis semblable à un funambule traversant un gouffre sans filet. Ma monture doit être ménagée, je baisse le rythme.

Après une semaine nuageuse, le retour du soleil me met en joie. Je barre de longues heures à la main ; m'offrant au plaisir des caresses de la brise qui assèche tout, j'oublie de me protéger. Le petit vent qui m'enveloppe m'empêche de sentir la chaleur pénétrante des rayons. Le soir venu, je suis terrassé par une fièvre de 40 °C. Dégoulinant de sueur, je suis incapable de faire marcher le bateau. Dans un état second, je parviens à enrouler le gennaker et je me retrouve allongé sur le trampoline sans trop savoir comment. Je ne réagis plus, brûlant de fièvre. Toute la nuit et pendant plus de dix heures, je ne suis plus là. Je me sens à l'agonie, je ne peux remuer un petit doigt. Dans un dernier sursaut de lucidité ou de réflexe de survie avant de sombrer dans le noir, j'ai bouclé un harnais de sécurité qui me maintient sur le bateau. Je ne contrôle plus rien. Mon esprit bat la campagne ; pourtant il se remet petit à petit. Cet accès de fièvre est plus grave que les deux précédents, mais heureusement il ne s'est pas produit par gros temps, la mer est calme et docile. Je préfère ne pas penser à ce qui aurait pu arriver pendant mon « absence ».

Mon rétablissement – aussi rapide que ma dégringolade – m'apporte quelques réconforts esthétiques. Je reprends goût à ce qui m'entoure. La nature dans sa splendeur me gratifie de couchers de soleil magnifiques, me dédommageant des heures de cauchemar que je viens de traverser. Je me surprends à chercher le fantomatique rayon vert. Tout le monde en parle, et, si personne ne l'a jamais vu, il n'est pas interdit d'espérer.

Bien que mobilisé douze heures par jour à tenir la barre, j'ai tout le temps de penser. Je ne me concentre pas sur la recherche d'un dixième de nœud de vitesse supplémentaire, c'est inutile, je ne suis pas en course. Alors je gamberge. J'essaie de m'occuper l'esprit en rêvant, comme les enfants. Mon imagination se met à galoper sur les vagues. Les histoires que je m'invente sont à épisodes, afin de faire durer le plaisir. Par exemple, je sauve une jolie naufragée à la dérive en plein océan, je la soigne, je la réchauffe, je la nourris, je la réconforte. Elle me raconte sa vie, je lui raconte la mienne, une complicité s'établit entre nos deux personnages se rencontrant au milieu de nulle part. Au jour le jour nous apprenons à faire connaissance et le scénario, bien sûr, se termine par une belle histoire d'amour. La ressemblance est confondante avec un roman à l'eau de rose, mais cette rêverie m'a absorbé quatre jours. D'autres histoires fonctionnent très bien et m'occupent souvent l'esprit, j'imagine mon arrivée victorieuse une fois le tour du monde réussi, le retour triomphal à terre du héros, en toute simplicité, ou alors je me vois avec mes enfants, mes deux fils Mathis et Timothée. C'est eux qui me manquent le plus dans mon long périple maritime. J'étais parti en me faisant la prévision optimiste de les voir deux ou trois fois pendant mon défi marathon. Hélas, les événements ne se déroulent jamais selon le plan établi, et ce ne fut pas possible.

Maintenant âgés de 15 et 17 ans, mes deux fils sont solides et comprennent que les circonstances dictent parfois leurs lois. Aux escales, je discute avec eux en temps réel et nous nous voyons grâce à Skype, miracle de l'informatique moderne, le téléphone en image sur tous les continents par Internet. Ainsi le lien n'est pas rompu ; ils m'ont toujours soutenu et encouragé, pourtant peu de pères s'absentent pendant un an et même un peu plus. L'absence est plus longue que celle d'un Vendée Globe qui dure deux mois et demi. Toutes ces histoires se mêlent et s'entrecroisent, je finis par y croire, mes rêves entrent dans mon quotidien et s'installent à mes côtés sur mon trampoline. Je ne fais plus la différence entre la réalité et la fiction. Mes histoires sont ma vie. J'ai tous les droits, je suis seul en mer, à des milliers de kilomètres de toute terre. Platon, il y a vingt-cinq siècles, disait déjà : « Il y a trois sortes d'hommes, les vivants, les morts, et ceux qui sont en mer. »

Les Marquises ont marqué profondément mon enfance, et comme un homme est le fils de l'enfant qu'il a été, toute ma vie est imprégnée de cet attachement ressenti comme un paradis perdu. Un paradis terrestre vivant dans ma mémoire et un paradis enfui de l'enfance. J'ai été heureux aux Marquises, moment privilégié du tour du monde avec mes parents et mon frère Laurent. Nous y sommes restés six mois ; j'avais 10 ans lorsque nous sommes arrivés à Nuku Hiva à bord du bateau en aluminium construit par mon père, un bateau costaud qui n'a jamais posé de souci. Mon grand frère – de cinq ans mon aîné – et moi y avons vécu librement, le seul bémol étant les cours par correspondance. Les souvenirs m'assaillent : je revois mon père utiliser son sextant et m'en apprendre le fonctionnement ; mieux que les cours pour faire entrer les mathématiques, la trigonométrie et l'astronomie. L'apprentissage du sextant me rendait concrètes des abstractions scolaires, et je suis reconnaissant à mon père de savoir me servir de cet instrument que beaucoup de marins maintenant ont relégué au placard, préférant les GPS. Petite question : que faire quand le GPS tombe en panne, ou qu'il n'y a plus d'électricité pour l'alimenter ? J'en ai connu qui ont abandonné des courses pour cette raison. Autres temps, autres mœurs !

Je me mets en tête de trouver l'atoll Souvaroff dont le souvenir me revient ; c'est un atoll minuscule planté de quelques cocotiers. Le charme de l'île déserte reflétant l'image des premiers jours du monde. Pas facile à dénicher, même pas une poussière sur une carte. Et le sextant ne m'apporte aucune aide. Comme les navigateurs des premiers âges, il me faut guetter, veiller, grimper en tête de mât pour tenter de voir au-delà de l'horizon. Monter, descendre, jusqu'à l'obsession. Le bateau accompagnateur poursuit la route directe vers les Marquises. Je m'éloigne de lui en tirant des bords, concentré sur ma quête. Notre éloignement atteint 250 milles, près de 500 kilomètres ; jamais l'écart entre nous n'a été aussi grand. D'ordinaire, il tourne autour de 25 à 30 milles. Je suis sans inquiétude : l'océan est mon jardin. Le skipper du suiveur est un de mes vieux complices de bourlingue : Jacques Vincent, un équipier renommé des courses autour du monde avec qui j'ai eu l'occasion de courir.

Souvaroff s'estompe de ma mémoire, le vent mollit de jour en jour sur la fin de l'étape, des petits grains m'arrosent de loin en loin, sans danger, on les voit venir. Les dernières journées de ma traversée du Pacifique sont calmes, je ne m'en plains pas, j'en profite pour me reposer, on ne sait jamais. La météo clémente me permet de prendre soin de moi. Je change souvent de vêtements afin de protéger ma peau, luttant de cette manière contre les irritations. J'utilise l'arrière de mes ailes, ou mes étagères comme on veut, au-dessus des flotteurs, pour me changer. Au début je ne ralentissais pas le bateau, si bien que mes affaires sèches se retrouvaient vite mouillées. Par la suite, je me suis mis à rouler le gennaker, diminuant ainsi les embruns. Me changer prend une bonne demi-heure, car le catamaran bouge dans tous les sens, les vagues l'entraînant dans une sorte de danse de Saint-Guy qui n'en finit pas. J'ai réussi depuis le départ à ne pas percer ma combinaison étanche ; seuls les manchons en latex aux poignets et aux chevilles sont détendus. Ma hantise, c'est justement une combinaison percée : si on tombe à la mer elle se remplit d'eau, et on coule. La parade dans ce cas est de l'ouvrir avec un couteau en espérant qu'elle se vide. J'en porte un sur mon gilet, accroché à côté d'un flash light, une lampe électrique clignotante. J'ai supprimé le gonflage automatique du gilet de sauvetage qui se déclenchait à tout bout de champ – me transformant en Bibendum toujours dans des mauvais moments – et qui me faisait mal au cou. Tant pis pour le risque ! J'ai choisi le confort ; en revanche si je tombe à l'eau inconscient, je me retrouve sans filet. En complément de la panoplie, j'ai des fusées de détresse et une barre lumineuse, toujours sur le gilet. Le harnachement finit par peser lourd, il me fait mal aux vertèbres cervicales et au dos à la longue, douleurs accentuées par les vibrations du bateau. À vrai dire, toute cette carapace est tellement lourde que je l'enlève de plus en plus souvent. Je ne la portais pas lorsque j'ai fait naufrage au Sri Lanka. Ce n'est pas un bon exemple à donner, j'en suis conscient, mais je me fie à mon instinct et au rappel à l'ordre de mon dos.

Le pire de ces désagréments est que je dois me pommader et m'enduire de crèmes contre les irritations. Les fesses sont la partie du corps la plus sensible et la plus stratégique. Sur un petit bateau on est assis en permanence à la barre sur un bout de flotteur ou une poutre durs au contact, de vrais tape-culs, le derrière trempé à jet continu. Très vite une douleur s'installe. Il est difficile de trouver une bonne position, même en se tortillant. La peau souffre, les risques de mycoses, de furoncles ou d'escarres sont fréquents, et je redoutais même que ce soit une cause d'abandon. Les ennuis de mon frère Laurent en ce domaine m'avaient rendu vigilant. Lorsqu'il avait traversé l'Atlantique en double sur un Hobie Cat, des ulcères provoqués par l'eau salée avaient creusé ses jambes, et l'aventure s'était terminée par plusieurs semaines d'hôpital. Des cicatrices l'ont marqué à vie. Mon choix est fait : je me discipline et m'astreins à la corvée de crème. À mon grand étonnement, je m'en sors bien : rien de grave excepté des petits bobos. La leçon à retenir est qu'il ne faut pas traîner, s'enduire systématiquement et ne pas hésiter à en rajouter une couche en cas d'alerte grattouillante ou cuisante. Au début, j'ai tendance à attendre avant de me changer, et puis on se fait surprendre par une énorme averse et on ne peut plus se changer avant le lendemain. Alors là, oui, on est mal à macérer dans son jus ! J'ai appris avec le temps à ruser, je manœuvre de façon à me mettre au vent arrière et à accélérer dans le grain en devançant le suivant afin de me changer entre les deux, même si je ne reste pas longtemps sec. Découverte importante, mettre des chaussettes, surtout la nuit. Les chaussettes respirantes utilisées en premier s'étant montrées inefficaces, je suis passé aux chaussettes absorbantes en coton, la bonne solution. Le matin elles sont trempées, en revanche mes pieds demeurent secs. Elles pompent l'humidité et leur évitent de se ramollir. Garder le pied ferme est une priorité. Dans la lignée des soins corporels, tous les soirs je me passe une crème réparatrice sur le corps formant une membrane protectrice. La journée, c'est le tour des crèmes solaires. À chaque heure suffit sa crème ! Au chapitre des précautions, toujours, je ne me mets quasiment jamais torse nu ou en short. Il est préférable de rester habillé le jour pour se protéger du soleil et plus encore la nuit, car il fait frais au large. La crème pour assécher la peau que j'utilise est un truc d'alpiniste – comme quoi être Suisse peut servir. Il s'agit de teinture de benjoin dont se servent les montagnards pour assurer les prises en escalade. Je m'en frotte les mains plusieurs fois dans la journée, principalement lorsque je barre, sinon la paume se détrempe, s'en va en lambeaux, et on endure le martyre. Évidemment, enfiler des chaussettes sur un catamaran de sport relève de l'acrobatie et se passer des crèmes de toutes sortes est peu agréable, mais c'est nécessaire si l'on veut sauver sa peau.

À l'approche des Marquises, l'émotion m'assaille et me serre la poitrine. L'étape n'en finit pas et je suis contraint de tirer des bords ; mon arrivée joue les prolongations. Je me pointe entre les îles au milieu de la nuit, en stressant un peu. Ce sont des îles volcaniques séparées par des canaux, les risques de collisions sont minimes mais je ne suis pas tranquille. Un tout petit îlot m'apparaît le premier, ensuite, bien plus tard, Hiva Oa, l'une des grandes îles. La suite du passage en revue de l'archipel se déroule au petit matin, m'enveloppant d'un parfum de bonheur. Christophe Colomb a dû connaître la même félicité en découvrant l'Amérique. Après trois semaines de mer à ne contempler que des plaines mouvantes et liquides, je revois enfin la terre, et je tire une pointe de gloriole de la justesse de mes calculs au sextant. Une satisfaction personnelle ! Une incertitude me taraudait : « Et si mes calculs étaient erronés ? » J'aurais tout aussi bien pu passer à 500 kilomètres des Marquises, après un parcours de 6 000 kilomètres d'immensités désertiques océaniques. Mais je tombe pile dessus ! Une joie immense m'emplit : je ne me suis pas trompé et mon matériel est juste. Me voilà rassuré.

Ua Huka, l'« île aux oiseaux », se présente devant mes yeux, très escarpée, volcanique, avec ses plages de sable noir et une végétation dense, très verte. Ce n'est pas de la jungle : la couverture sombre prend l'allure d'un maquis donnant l'impression que les montagnes sont recouvertes de mousse. Les gammes de vert à l'infini sont piquetées de fleurs multicolores aux couleurs ahurissantes. Un festival pour une palette, permettant de comprendre pourquoi Gauguin est venu s'installer aux Marquises.

Le vent s'engouffre maintenant dans les canaux à 25 nœuds, j'avance vite et je suis de plus en plus ému. Soit je vais tutoyer le bonheur, soit la déception sera horrible, mais quoi qu'il en soit il va se passer quelque chose. Les îliens n'ont été prévenus que trois jours à l'avance de mon arrivée. Je souhaite être discret. Je viens à la recherche de mon enfance et je veux absolument arriver par la mer.

Il est 4 heures de l'après-midi quand j'entre dans la baie de Taiohae, étroite et profonde comme un fjord. De longues pirogues armées de dix rameurs et entourées de pirogues individuelles viennent à ma rencontre. Les hommes hochent simplement la tête en signe de salut. Pas de démonstrations bruyantes et spectaculaires, car les gens des îles sont discrets. Seule l'intensité de leur regard montre qu'ils sont heureux de m'accueillir. Le gabarit des rameurs est surprenant : ce sont des forces de la nature affichant une moyenne de 120 kilos sur la balance. Leurs bras sont gros comme des cuisses et les visages ressemblent à ceux des Maoris de Nouvelle-Zélande. La population s'est peu mélangée depuis des siècles.

Lorsque je foule la terre de Nuku Hiva – l'île où j'ai passé les plus beaux moments de ma jeunesse –, de grands tam-tams de 2 mètres de haut battent frénétiquement, accompagnés des longs appels de voix puissantes qui transpercent la baie. J'en ai la chair de poule. Je reconnais l'église et les bâtiments qui l'entourent. Je suis rassuré : je viens de rentrer à la maison.

10

Retour aux Marquises

Les pirogues s'en vont,
Les pirogues s'en viennent
Et mes souvenirs deviennent
Ce que les vieux en font[1].

Mouillé sur une bouée, mon bateau retrouve la paix après les tumultes de l'océan. Le paysage n'a pas changé, à peine quelques voitures en plus. L'accueil, plein de retenue et sans ostentation, convient à mon humeur qui oscille entre l'euphorie et le recueillement, allumant un arc-en-ciel dans mon cœur. Trente ans se sont écoulés et je me sens chez moi, comme si je n'étais jamais parti. Un ami de mon frère Laurent m'a prêté sa maison. Parti à Tahiti, il m'a simplement laissé un message : « Pousse la porte, elle n'est pas fermée à clé ! » Une nuit de sommeil et le lendemain de mon arrivée, surprise ! Grosse fiesta en mon honneur. Pas une fête folklorique pour touristes, non ! Une fête traditionnelle marquisienne où les hommes dansent le haka, la terrible danse guerrière venue des ancêtres, et entrent en transe. L'équipe de Nouvelle-Zélande de rugby, les All Blacks,

1. *Les Marquises*, Jacques Brel.

qui débute tous ses matches par un farouche haka destiné à impressionner l'adversaire, nous en donne une idée. L'ambiance est survoltée. Les danseurs évidemment me demandent de les rejoindre, impossible de me défiler. Leur corpulence ne les empêche pas d'être souples et vifs. Je vis un grand moment de solitude, ayant du mal à suivre le rythme et l'enchaînement des gestes rituels. Le chef de la fière troupe de haka fait ami-ami avec moi. L'entraînement est quotidien, m'explique-t-il, c'est un joug harassant et contraignant. Le maintien des traditions est à ce prix, mais les jeunes y sont de moins en moins sensibles, et le recrutement est de plus en plus difficile. Crise des vocations et sirènes du monde moderne ; le rock concurrence le haka.

Je prends vite mes habitudes dans un bistro – appellation parisienne consacrée, ignorant le nom local : la *paillote*. Finalement, c'est peut-être le terme qui convient. Son patron se nomme Henri, comme dans la chanson de Balavoine, et c'est sa voix incroyable qui a salué mon arrivée. J'y installe mes quartiers ; tout le monde est aux petits soins. Un détail cependant fait défaut : l'Internet est inconnu en ces lieux. Je me mets donc en chasse de la connexion magique. Une femme m'emmène en voiture vers ce qu'elle appelle mystérieusement la « meilleure connexion Internet de l'île ». Nous arrivons devant une cabane en tôle, perdue dans la brousse et habitée par un être étrange. La perplexité m'envahit. Et pourtant, c'est bien vrai : au centre de la cabane trône une installation ADSL dernier cri qui me fait de l'œil. Le maître des lieux – ou la maîtresse ? – est un *raerae* (prononcez « réré ») : un homme-femme. À notre arrivée, il est en train d'interroger les cartes d'un jeu de tarot. Les *raerae* sont un peu cartomanciennes et voyantes. Dans ce coin improbable du bout du monde, la connexion Internet s'avère très performante : ma conductrice n'a pas menti.

Là aussi, je prends mes habitudes chez ma copine le *raerae*, en tout bien tout honneur et pour la bonne cause. J'en profite pour envoyer mes mails, mes photos, mes vidéos, correspondre avec la famille, les amis, les médias. Bref, mieux que dans un cybercafé ! Et je me familiarise avec l'une des institutions les plus anciennes des Marquises qui étonne les Occidentaux que nous sommes. Les *raerae* sont des travestis ancrés dans les profondeurs de la culture marquisienne. Les homosexuels sont vénérés et intégrés dans la vie de la société. Ils sont choisis dès la naissance et reçoivent une éducation particulière : pas de famille qui n'ait son *raerae*. Depuis l'enfance, ils vivent avec les femmes et accomplissent des tâches de femme. Ils arborent des poitrines dont ils sont très fiers, tout en conservant une carrure de débardeur. Bien sûr, ils portent des robes. Un point commun à tous, ils sont d'une très grande gentillesse. Les premiers navigateurs européens, comme James Cook, à accoster en Polynésie au XVIIIe siècle signalent déjà dans leurs récits de voyage la présence de ces hommes travestis qui semblent bénéficier de la considération de tout le monde. Gauguin en a immortalisé aussi quelques-uns dans ses tableaux. À l'origine, ils étaient appelés *mahu* ; le terme *raerae* date des années 1960. Toujours est-il que je noue des relations amicales avec quatre d'entre eux ; ils me rendent des services de bonne grâce et m'offrent leur temps sans compter.

Autre rencontre : je fais la connaissance de l'ancien postier d'Hiva Oa – l'île de Jacques Brel, qui finit ses jours sur Nuku Hiva. Il m'accompagne partout en me parlant de Brel qui a su se faire adopter dans ce monde fermé. Son avion, un bimoteur, est le premier que les gens ont vu à demeure aux Marquises. Il le mettait au service des îliens dans les cas d'urgence, transportant les malades, les blessés et les femmes sur le point d'accoucher vers les hôpitaux. Il volait par tous les temps, prenant des risques quand c'était nécessaire. Il faisait de la musique avec les habitants et mangeait avec eux. Il s'est coulé complètement dans la population et a su se faire aimer sans jamais parler de sa carrière d'immense chanteur et compositeur. Aux Marquises, Jacques Brel était un autre, peut-être le vrai lui-même. Voilà ce que j'apprends de mon copain postier devenu son ami. Malade, Brel a voulu passer les dernières années de sa vie dans ces îles et avec ces gens qu'il aimait. Il leur a légué une de ses plus belles chansons, *Les Marquises*, qui résonne comme un hymne d'amour.

Veux-tu que je te dise
Gémir n'est pas de mise
Aux Marquises

Ainsi s'achève la chanson, sur une note de tendresse voilée.

La femme du postier m'entretient d'un autre registre, celui des plantes. Elle est marquisienne et connaît le nom de toutes les plantes et leur utilité. Les herbes et les fleurs sont très présentes dans la pharmacopée locale. Elle m'explique comment elles peuvent nourrir et soigner. Les îliens demeurent très proches de la nature tout en étant équipés d'Internet, de la télé et de grosses voitures qu'ils considèrent avec détachement. Ils ont de l'argent : les salaires des fonctionnaires sont plus élevés ici qu'en métropole, et l'État français verse des subventions. Ne sachant comment dépenser leur argent sur ces petites îles, ils achètent de gros 4 x 4. La vie de tous les jours ne coûte pas grand-chose. Les fruits poussent tout seuls sur les arbres et les légumes sortent de terre sans effort : il n'y a qu'à tendre le bras pour les cueillir ou se baisser pour les ramasser. Ils sont à tout le monde. Les poissons abondent, car ils ne sont pas pêchés par de gros bateaux. Il suffit de lancer un harpon ou de tremper un fil pour les attraper. La chasse apporte la viande : cochons, cervidés et autres animaux sauvages dont aucun n'est dangereux. Ce qui coûte le plus cher, c'est le camembert acheté au supermarché. Les habitants vivent en harmonie avec la nature et, grâce aux subventions de la France, ils n'ont pas de grands soucis matériels. Chacun peut vivre en tongs et en short, donc pas de frais de vêtements ; même pas besoin de couverts, car on mange avec les doigts. Les hommes sont durs au mal, ils ne se plaignent jamais et endurent tout. L'effort ne leur fait pas peur. Quand ils chassent, ils courent. Les compétitions de pirogues sont leur pain quotidien. Leurs bras sont gros comme des jambons, ce sont de vraies forces de la nature, des costauds et des tatoués. Ils sont très physiques, mais heureusement très pacifiques. Un de leurs coups de poing assommerait un bœuf. Bien sûr, il y a des querelles comme partout, de village, de voisinage. Un Marquisien avait par exemple volé un objet à un voisin : il culpabilisait tellement que peu après il est venu lui apporter deux cochons. La prison de Nuku Hiva est une magnifique villa. Elle n'est occupée que par deux « pensionnaires » à mon passage. Leur seule obligation est d'être rentrés entre 18 heures et 6 heures du matin, le reste du temps ils sont libres.

Les Marquisiens ne sont plus que 12 000 de nos jours dans tout l'archipel, alors qu'autour des années 1920 ils étaient 120 000. La grippe espagnole les a décimés, et ils ne se sont jamais rétablis. Les îles sont peu peuplées, la nature magnifique demeure sauvage, idéale pour qui veut fuir la vie des villes. Cependant, il y a peu d'Européens. La sélection s'opère naturellement : pas de cinéma, pas de théâtre… Mais le pire, ce sont les moustiques, les terribles *nonos*, gros comme une tête d'épingle. Ils piquent le jour en douce, sans qu'on s'en aperçoive, et la nuit on se gratte jusqu'au sang, à se faire des plaies. Les métropolitains craquent. Les roses du paradis réservent quelques épines.

Je suis retourné voir mon école ; le décor n'a pas changé. Étrange sentiment : j'ai l'impression que le temps a été aboli. Ma fiche d'inscription en 1980 est encore dans les archives. Les enfants m'ont accueilli en chantant. Ils jouent du ukulélé aux récréations, courent pieds nus en liberté et montrent une extraordinaire vitalité comme de bons petits diables. Leur joie de vivre fait plaisir à voir. Je me suis reconnu en eux. Jamais je ne me suis senti aussi à l'aise que parmi ces gamins en me disant qu'ils ressemblaient à l'enfant que j'avais été et qui a connu le bonheur en ces lieux.

L'envoûtement est puissant, j'ai fait le choix de ne rester que huit jours afin de ne pas succomber à la magie de l'île. Si je reste plus longtemps, je n'aurai pas la force de repartir. Ce séjour si bref ne m'a pas empêché de renouer avec des amis d'enfance – nous nous sommes reconnus ! – et de m'en faire de nouveaux, comme Marc, Greg, Emma ou Henri.

Le moment du départ est un déchirement, mais je dois continuer à glisser sur le Pacifique, car mon frère m'attend à Tahiti. La municipalité a décidé d'élever un monument en mon honneur, un *tiki*. C'est une stèle en pierre sculptée de 2 mètres de hauteur destinée à chasser les mauvais esprits sur ma tête et à me porter chance. La cérémonie est belle, l'émotion à son comble. Je suis traité comme un enfant du pays revenu parmi les siens. J'essuie discrètement quelques larmes.

Nouvelles images que j'emporte avec moi : celles d'un petit village dont je suis tombé amoureux en me baladant : Hakapa, 300 habitants. Il possède tout ce qu'il faut pour faire un village : une église, une poste, une école, une épicerie, les gosses grimpent partout, identiques à tous les gosses de la planète. Sauf qu'on ne le voit pas ; le village est enfoui dans la forêt, comme retranché du monde. Autre image illustrant la douceur de vivre et peut-être la sagesse des Marquisiens : la campagne électorale des élections municipales qui bat son plein pendant ma présence. Au lieu des affrontements de règle en métropole, les réunions électorales se transforment en soirées musicales où les joutes se font à la guitare.

J'ai pris une nouvelle leçon de vie aux Marquises, où les gens ne demandent rien et n'envient personne. Ils vivent simplement et vous racontent leurs parties de chasse, de pêche ou de cartes. La seule chose qu'ils m'ont demandée, c'est d'être leur porte-drapeau. Ils m'ont donné un pavillon des Marquises à faire flotter dans tous les pays où j'irai. J'ai promis de l'arborer lors de mon retour en France. J'ai réussi à le sauver de mon naufrage au Sri Lanka, et il m'accompagne dans la fin de mon aventure sur mon nouveau bateau.

En partant, j'ai le sentiment de quitter mes racines, ici on me comprend. Personne ne m'a demandé pourquoi je m'étais embarqué dans un tour du monde sur un bateau aussi petit et aussi inconfortable. Je navigue sur les traces de leurs ancêtres, en observant la mer et les étoiles. Cela leur suffit. Les Marquises et les Marquisiens sont uniques au monde.

Le 4 avril, je quitte mon paradis retrouvé, en proie à l'émotion des adieux et plein d'une énergie nouvelle. La suite de mon périple m'emmène aux Tuamotu, une étape courte, rapide et violente.

MON DÉFI : UN TOUR DU MONDE À L’ANCIENNE ET À LA DURE

© Pierre Guyot

C’est parti ! Sur mon petit catamaran de sport, pas d’habitacle et pas d’appareil électronique : je me frotte aux éléments et je navigue au sextant et à la carte, comme à l’époque des grandes découvertes.

CANARIES

Départ des Canaries pour ma première navigation en solitaire sur ce tour du monde. Traversée de l'Atlantique en vue !

MARTINIQUE

Arrivée en Martinique sur un patin, après un chavirage au cours duquel j'ai failli me noyer.

© Denis Tisserand

Cette photo montre bien l'extrême dépouillement de mon bateau. Je n'ai aucun habitacle ni aucune protection contre les éléments.

Yvan BOURGNON
NEODIS

Sur *Ma Louloutte*, je suis sans cesse au ras de l'eau, au plus près des vagues. Seuls les deux modules légèrement surélevés me permettent de me mettre au sec de temps en temps. Ils me servent d'ailleurs tout à la fois de banc, de table, d'étagère et de lit !

© Denis Tisserand

© Denis Tisserand

En pièces détachées sur le bateau accompagnateur, *Ma Louloutte* franchit le canal de Panama.

Départ du Panama au milieu d'un trafic maritime infernal. Goodbye Panama City !

GALAPAGOS

Les terres volcaniques des Galapagos sont en vue…

© Denis Tisserand

© Denis Tisserand

Et leur faune luxuriante aussi ! Le tête à tête avec mes nouvelles copines m'a laissé un souvenir… odorant !

© Denis Tisserand

Passage
de l'équateur,
sans aucun vent…

Mauvaise
surprise :
au milieu
du Pacifique,
le gouvernail
se brise…

© Denis Tisserand

Émouvant accueil traditionnel des Marquisiens.

© Denis Tisserand

Rencontre du «gladiateur des mers» et du «gladiateur des îles», roi du Haka.

© Denis Tisserand

© Yvan Bourgnon

Trente-trois ans plus tôt aux Marquises, les frères Bourgnon : Laurent, le grand, et Yvan, le petit.

© Yvan Bourgnon

© Denis Tisserand

© Denis Tisserand

De retour dans l'école de mon enfance. Je recharge mes batteries à la joie de vivre des jeunes marquisiens et partage avec eux mes aventures.

Le départ des Marquises est imminent. J'assiste à l'inauguration, par le maire de Nuku-Hiva, de la stèle célèbrant mon passage.

© Denis Tisserand

© Denis Tisserand

Henri m'explique toutes les vertus de cette sculpture qui doit me protéger des tempêtes.

Sur le point de reprendre la mer, je hisse mon nouveau pavillon « national », qui m'accompagnera jusqu'à la fin de mon tour du monde.

© Denis Tisserand

© Denis Tisserand

Retrouvailles avec mon frère Laurent, que je vois hélas pour la dernière fois.

© Denis Tisserand

© Denis Tisserand

Entraînement avec mon neveu Basile, dont les talents précoces promettent un grand avenir dans la voile.

© Denis Tisserand

Le long des côtes tahitiennes, *Ma Louloutte* vogue paisiblement.

Le soleil se couche sur mon escale polynésienne : il est temps de repartir…

Escale intense en Australie, à Darwin. La liste des réparations est longue…

OCÉAN INDIEN

Mon bateau accompagnateur, *Idéo*, constate l'approche de la mousson…

© Jean Capdevielle

En pleine mousson, le sommeil est difficile à trouver sur mon embarcation dépourvue d'abri.

© Jean Capdevielle

À l'approche du Sri-Lanka, je commence à être marqué par la fatigue…

© Yvan Bourgnon

© Denis Tisserand

Ascension périlleuse du mât, au milieu de l'océan, pour remplacer un hauban. Je déteste ça…

© Jean Capdevielle

Mon triste naufrage au Sri-Lanka… *Ma Louloutte* est en mille morceaux… Cependant, je constate une belle solidarité des Sri-Lankais qui m'aident à récupérer des morceaux du bateau.

Il faut maintenant reconstruire entièrement mon bateau. Des Sri-Lankais m'aident à réparer les pièces sauvées des eaux.

© Yvan Bourgnon

© Nathalie Caillaud

Mon ami Jacques Roudaut vient me prêter main forte afin de gérer l'assemblage de *Ma Louloutte II*, future remplaçante de *Ma Louloutte*.

Je peaufine les derniers réglages avant de reprendre mon tour du monde.

© Nathalie Colloud

Franchement, il y a pire comme endroit pour faire naufrage !

© Nathalie Colloud

Les pêcheurs sri-lankais naviguent comme moi, sans GPS, au péril de leur vie.

© Yvan Bourgnon

Ce sont eux les vrais inventeurs des catamarans et des trimarans.

Quel bonheur de reprendre la mer, après sept mois de reconstruction !

© Pierre Guyot

Je commence à devenir fin pêcheur ! Ici, une petite bonite, histoire d'améliorer l'ordinaire.

© Yvan Bourgnon

Sans réchaud à bord pour cuisiner, c'est sashimis à volonté !

© Yvan Bourgnon

Deux semaines de canicule à plus de 40° C : je morfle !

Après une belle frayeur provoquée par les pirates, j'apprécie la beauté de l'île de Socotra, au large de la Somalie.

© Pierre Guyot

Accueil très chaleureux des militaires de la base française de Djibouti. Ils m'aident même à sortir *Ma Louloutte II* de l'eau, à bras d'hommes.

© Kevin Congini

Escorté par mes copains militaires et expatriés français, je quitte Djibouti et remonte la mer Rouge. J'aperçois bientôt des dauphins !

© Yvan Bourgnon

ÉGYPTE

Je passe le canal de Suez avec un pilote, plutôt content de son nouveau poste de commandement.

© Yvan Bourgnon

GIBRALTAR

Le rocher de Gibraltar symbolise mon retour dans l'océan Atlantique.

© Yvan Bourgnon

© Yvan Bourgnon

Je suis heureux d'en finir avec une mer Méditerranée qui ne m'a pas ménagé…

© Denis Tisserand

Près de vingt-et-un mois après mon départ de France, j'ai droit à une arrivée en fanfare à Ouistreham : des milliers de personnes m'attendent au passage de l'écluse ! Mon bonheur maintenant est de partager cette aventure avec tout ceux qui ont cru en moi.

11

À la rencontre de mon grand frère : Tahiti, droit devant !

La traversée vers les îles Tuamotu ressemble à une récréation. Les coques de mon fier petit catamaran glissent en surfant sur les vagues, soulevant des gerbes d'eau. Je m'amuse comme un gosse. Le ciel est bleu, à peine parcouru de rares grains. La chaleur réchauffe sans brûler ; la température est idéale, le curseur calé sur 27 °C. La mer est conciliante, les creux de 2 mètres ondulant langoureusement me bercent en cadence. Je fonce à plus de 15 nœuds, je n'ai jamais vu ça. Le bateau court sur les flots comme dans un rêve. La vitesse est excitante, cependant je redouble de vigilance : je ne dois pas me laisser griser et commettre une erreur comme une faute de carre en ski. Les paquets de mer me passent par-dessus la tête, rivé à la barre je fais marcher mon voilier à fond, auscultant ce qu'il a dans le ventre. C'est bien la première fois que je peux y aller autant de bon cœur. Je sais que l'étape est courte, donc je ne m'économise pas et vis un pur moment de plaisir. Comme il faut raison garder, je rentre mon spi la nuit – mes chavirages de l'Atlantique m'ayant servi de leçon. Je prends aussi un ris dans la grand-voile. Le temps de sommeil que je m'octroie avoisine les cinq heures par tranches de vingt minutes. Je dors la nuit entre 18 heures et minuit : le soleil se couche tôt, et je profite de la fraîche. Toutes les fins de journée je me change, donc je suis sec en début de nuit, beaucoup moins en fin, car les étraves soulèvent des embruns qui finissent par m'imprégner d'humidité. Ma vie est calquée sur la course du soleil : lever, apogée, coucher – comme les anciens Égyptiens. La difficulté majeure sur les longs raids océaniques est de réussir à dormir. La fatigue est une chose, l'inquiétude en est une autre. L'esprit reste aux aguets, épiant les bruits du bateau, le moindre changement de tonalité. La musique ambiante est le véritable baromètre de l'état de santé de l'embarcation. Le glissement de l'eau sur la coque me donne la vitesse à l'oreille à un nœud près, une accélération soudaine me prévient qu'il se passe quelque chose d'anormal ou de nouveau. À partir de 10 nœuds mes safrans se mettent à siffler, un autre bon indicateur. Mon expérience des grands multicoques de 18 mètres me sert : j'y ai appris à dominer la peur des variations de bruits. La grand-voile qui bouge toute seule ou le foc qui fouette d'un bord à l'autre signifie que nous sommes trop au vent arrière ; si au contraire le foc claque comme un drapeau, nous venons trop bout au vent. Dormir d'un œil ou d'une oreille est devenu une seconde nature. J'ai la chance de pouvoir récupérer vite, même par mauvais temps. Je possède un truc, je ne me dégrade pas au fil des heures qui passent, j'ai la faculté de ne pas entamer mon capital d'énergie. Comme tout le monde j'accuse des passages à vide, cependant cette heureuse disposition m'a bien des fois sauvé la mise depuis le début de mon défi. En langage direct, il m'en reste toujours sous le pied !

Un certain nombre de signes me réveillent aussitôt : craquements, décélération brutale, secousses soudaines lorsque je suis sur ma couchette… je sais aussitôt qu'il vaut mieux se remuer. À plusieurs reprises, je me suis trouvé éjecté de l'aile qui me sert à dormir – à plat un peu au-dessus des vagues –, tombant sur le trampoline où je me suis fait mal. Ah ! Ce réveil en sursaut... S'il ne m'est pas arrivé cinq cents fois, c'est qu'il ne m'est jamais arrivé. La toile antiroulis tendue sur le côté pour me caler est fixée au moyen de deux sangles qui passent au-dessus de moi. J'en fais des cauchemars, j'ai peur d'être surpris sanglé en cas de chavirage et de rester coincé sous le bateau, piégé comme un rat...

Chassons ces mauvaises pensées ! L'air est pur, la mer est large. Je sonne la charge et file comme le vent. Ma traversée se déroule en un temps record. J'atteins Fakarava, ma destination, un petit atoll des Tuamotu, en soixante heures pour 550 milles. Je me retourne sur mon sillage avec bonheur, malgré la tristesse de m'être arraché aux Marquises.

La navigation express que je viens d'accomplir ne doit pas me faire oublier les pièges de l'arrivée. Je viens de faire fumer la mer, effleurant de mes coques une étendue étonnamment désertique – en trois jours je n'ai croisé qu'un dauphin. Trouver Fakarava n'est pas si simple : le relief d'un atoll sur l'eau, c'est la hauteur d'un cocotier. On ne le voit pas avant d'être à 5 kilomètres de l'arrivée, et il s'évapore dans le brouillard des grains. L'atoll surgit et disparaît au gré des nuages, fantôme posé sur l'horizon. Le sextant qui m'a amené jusque-là ne peut plus rien pour moi ; je dois me débrouiller à vue. Pas question d'aller se fracasser en étant trop pressé de rejoindre le ponton, l'addition serait trop lourde. Je vise entre deux gros récifs distants de 5 milles, car je crains la présence sournoise de cailloux entre deux eaux. Finalement, j'aperçois l'île que j'ai choisie. Si je ne l'avais pas vue avant la nuit, je me serais arrêté, car le danger est réel : ces récifs sont de véritables petites îles désertes.

Mon entrée à Fakarava aux alentours de 23 heures me vaut une belle frayeur. Je vois un feu blanc unique matérialisant la passe, mais pas d'autre feu – en l'occurrence il aurait fallu un feu rouge pour baliser le chenal. Un courant de 5 nœuds menace de m'entraîner je ne sais où. Je me mets à l'arrêt en attendant le lever du jour pour entrer. Ma position doit être surveillée sans relâche, corrigeant la moindre dérive en remettant un bout de voile ou de foc. La nuit est atroce, je passe par tous les stades de l'angoisse. Mon tourment confirme qu'on ne peut naviguer que de jour dans les champs de mines des archipels. J'attends 5 h 30 du matin pour me rapprocher de la passe. Je n'ai pas de carte des parages – je ne possède que dix cartes pour couvrir mon tour du monde.

Une fois rentré dans le lagon, l'accueil est admirable. J'ai l'impression de pénétrer au paradis, le paysage est à couper le souffle. Les habitants m'attendent sur un petit ponton en bois avec des colliers de fleurs. Ils sont tous là – la population ne dépasse pas cinquante personnes. L'accueil au petit matin est très touchant, empreint d'une délicieuse gentillesse. Mes vêtements sont rincés et séchés, on s'occupe de moi, on me bichonne. À peine amarré, je ne résiste pas à l'envie de piquer une tête dans une eau cristalline. Je plonge avec les locaux dans la passe : le spectacle est extraordinaire, des poissons aux couleurs éclatantes évoluent par centaines dans un aquarium naturel. Les poissons-clowns, les napoléons, les perroquets, les requins petits et grands composent un ballet féerique. Malgré la beauté des paysages, le tourisme n'est pas développé, seuls quelques rares privilégiés se rendent aux Tuamotu. C'est loin de tout, il n'y a qu'un seul aéroport sur la plus grande des îles de l'archipel au nord. La circulation se fait en bateau à moteur et peu d'atolls sont habités.

Ils subissent la montée des eaux : entre 1980 et aujourd'hui, la mer est montée de 50 centimètres.

La navigation en Polynésie est très impressionnante, surtout autour des îles. Les barrières de corail délimitent les lagons où s'étendent les platiers, vastes étendues coralliennes où l'on peut aller pêcher au harpon avec de l'eau à mi-mollets, et il est conseillé d'avoir de bonnes sandales en plastique – appelées « méduses » – tant le corail est coupant comme du verre. L'impression est formidable et inquiétante lorsqu'on longe la barrière en voilier comme on longe un mur, avec 30 mètres d'eau sous la coque, et que l'on voit à quelques mètres de là des pêcheurs se promener dans quelques centimètres d'eau. La vision est irréelle. Les entrées et les sorties dans les passes sont tout aussi intimidantes, avec les vagues qui déferlent de chaque côté sur le platier. Le décor est sauvage et beau. J'hallucine en regardant les fonds transparents. Bien que je ne sois pas un plongeur passionné, j'emprunte masque, tuba et palmes pour aller voir de plus près les splendeurs de la richesse aquatique. Je découvre un paradis terrestre, ou plutôt océanique. Le spot de plongée sous-marine est mondialement réputé. Les requins ne sont même pas agressifs tant ils sont bien nourris en puisant à volonté dans une faune abondante. Le grand risque est un requin taquin, car l'animal est curieux : s'il est intrigué il vient mordiller comme les bébés qui mâchonnent tout à la découverte du monde. L'ennui, c'est que les dents de requin sont coupantes comme des lames de rasoir.

Au cours des deux jours que je passe à Fakarava, je suis accueilli par Annabelle, la patronne d'une petite pension de famille, la Tétamanu, où j'ai droit à des barbecues de poissons : une merveille ! Son mari est marin-pêcheur, ceci explique peut-être cela ! L'irruption de mon bateau accompagnateur rompt le charme, m'obligeant à me reconcentrer sur mon défi, notamment sur mon problème récurrent de réglage des pilotes automatiques.

La magnificence des lieux m'incite à faire une séance de photos que j'enverrai aux médias. Je pars donc faire un tour de lagon, mais par malchance je fais une erreur de navigation en cherchant un cadre idéal à la demande du photographe et tape dans un récif corallien, esquintant le bord d'une dérive. Je m'en suis beaucoup voulu d'avoir abîmé le bateau aussi bêtement et pour une raison aussi futile. Je ne suis pas là pour faire le kakou dans les lagons ! Quand j'endommage mon bateau, c'est à cause de la mer et des tempêtes, pas pour faire des photos. Bref, je m'engueule ! Une sonnette d'alarme résonne dans ma tête : je ne dois pas me relâcher, surtout lorsque l'ambiance appelle au plaisir et à la décontraction. Je ne dois pas céder au chant des sirènes. La dérive est débloquée avec l'aide de trois personnes. Les dégâts ne sont pas graves, mais je suis vexé dans mon amour-propre, et rappelé à l'ordre. Je ne dois pas traîner : mon frère m'attend à Tahiti, et plus tard lorsque je ferai route vers l'Indonésie je ne veux pas débarquer en pleine mousson.

Je repars au matin du troisième jour, direction Tahiti. À cette escale éclair succède l'étape sprint : trente-six heures. En dépit de cette brièveté, j'ai réussi à faire une rencontre. J'ai doublé un catamaran de croisière de 12 mètres avançant à 5 nœuds, moi fonçant à 15 nœuds. Je l'ai déposé ! Ma vitesse stupéfie son équipage. Nous avons pu entamer une discussion au moyen de la radio VHF. J'ai appris que la propriétaire du bateau est journaliste à *Cruising World*, un magazine nautique anglo-saxon, qu'elle s'appelle Liesbeth Collaert, et qu'elle navigue avec son mari. La conversation est sympathique, et par la suite je remarque qu'elle parle de mon aventure tous les mois dans son journal. Pas mal pour un rapide bavardage quasi mondain, de loin au milieu du Pacifique.

La navigation se déroule sans histoire au vent arrière à une bonne vitesse soutenue de 15 à 20 nœuds. Les vérins de mes pilotes, toujours eux, sont ma seule source d'inquiétude. Je les avais pourtant fait réparer aux Marquises. Ils ont tendance à chauffer. Je les ai repeints en blanc dans l'idée de les tropicaliser, car bizarrement le constructeur les sort en noir, couleur absorbant la chaleur, peu adaptée aux régions que je fréquente où le soleil cogne férocement. Je rafraîchis régulièrement les moteurs des vérins avec un gant de toilette mouillé – système D qui prolonge un peu la durée de vie des moteurs électriques en surchauffe. J'ai calculé qu'un moteur de vérin dure 2 500 milles et j'en suis à 2 200 milles avec ceux-là. Je tends le dos mais ils auront la décence de tenir jusqu'à Tahiti.

Trouver Tahiti n'est pas difficile, car l'île volcanique s'élève très haut sur l'eau. Son point culminant, le mont Orohena, atteint 2 241 mètres. Je ne risque donc pas de la rater. Je commence à la voir dès le matin du 10 avril 2014 à 9 heures alors que je ne mouillerai pas l'ancre avant 17 heures ; je longe la côte nord où je me prends un petit coup de vent sans l'avoir vu venir. Encore un rappel à l'ordre. Ouvre l'œil, mon garçon !

La civilisation que j'avais perdue de vue depuis Panama me revient au visage, et je suis surpris d'y prendre plaisir. Des lignes d'immeubles se dressent devant moi, des avions décollent et atterrissent en cascade sur un aéroport international, des embouteillages… Je redécouvre l'agitation humaine urbanisée en approchant de Papeete. Je suis excité : je vais retrouver mon frère que je n'ai pas vu depuis six ans. Je dois patienter encore un peu, car le vent tombe progressivement. La marina est juste après Papeete. Je vois alors venir vers moi un Zodiac ; à bord je reconnais mon frère, sa femme Caroline, ses deux enfants, sa fille Lou, 10 ans, et son fils Basile, 14 ans. Laurent ne monte pas sur mon trampoline afin de me laisser terminer seul mon étape. Une fois dans le lagon suivant la passe, j'accepte la remorque qu'il me lance dans les cent derniers mètres et je me mets au mouillage auprès de son bateau. Je suis ému qu'il soit venu me chercher avec sa famille. Une arrivée intime, il n'y a que nous. Lorsque j'imaginais cette scène, je rêvais que les choses se passent de cette manière.

Je trouve mon frère changé, plus posé, plus détendu. Sa carrière et son palmarès parlent pour lui, il n'a plus besoin de prouver quoi que ce soit. Il me donne l'impression d'avoir trouvé son équilibre dans la vie familiale. Il vit sur l'eau en liberté et en harmonie avec sa famille. Ils habitent également dans une maison sur l'île de Raiatea, mais en septembre 2014, ils s'installeront à Tahiti afin de faciliter la scolarité des enfants. Parti faire le tour du monde avec femme et enfants comme l'avaient fait nos parents, Laurent s'est fait construire un gros catamaran prototype de 25 mètres, confortable et luxueux. Contre toute attente c'est un bateau à moteur. Sa femme n'aime pas la voile ou en tout cas n'est pas fanatique, et lui est un passionné de mécanique. Le choix d'un catamaran à moteur est le résultat d'un compromis négocié. Laurent y est très à l'aise, car il a un BEP de mécanique de précision. Plus que la course, sa vraie passion a toujours été la fiabilisation de ses voiliers. Ce n'est pas un accro de la voile, il l'aime bien sûr, mais pas à la folie, et au bout du compte il a peu couru. Il se pointait sur une course, Mini-Transat, Solitaire du Figaro, Route du Rhum ou autres compétitions prestigieuses qu'il gagnait souvent du premier coup et on ne le revoyait pas, sauf pour le « Rhum » qu'il est toujours le seul à ce jour à avoir remporté deux fois de suite. La case « ça, c'est fait» était cochée, et il passait à autre chose. Entre ces grands événements, il ne naviguait pas. En revanche il passait tout son temps à peaufiner, améliorer, rendre plus costauds et plus légers ses bateaux. C'était et c'est toujours un perfectionniste. Le succès de ses victoires réside pour beaucoup dans son goût pour les mises au point méticuleuses. Depuis six ans qu'il s'est posé à Tahiti et environs, il utilise son spacieux catamaran pour faire du charter. Sa clientèle est composée de riches touristes, notamment américains, descendant à Bora Bora, l'île de rêve dont le lagon immense est commun avec Raiatea et Tahaa, l'«île de la vanille». Il est l'un des rares armateurs à proposer un bateau de luxe dans ce coin de Polynésie. Le mât de mon petit cata à l'ancre près du sien ne dépasse pas la hauteur de son roof. Six mètres contre 25, le mien donne l'impression d'être l'annexe.

Laurent doit partir bientôt en croisière avec des passagers, deux jours après mon arrivée, donc nous décidons de sortir en mer entre frangins, en tirant des bords pour s'amuser sur mon petit coursier.

«Pars devant, me dit-il. Je te rejoins.»

Vers 16 heures je largue les amarres, ce qui n'est pas l'heure où la vision est la meilleure. Dans le lagon, je cogne à nouveau une patate, un récif corallien tapi sous la surface, et là je me fais très mal. Dans le choc, je tape de toute ma hauteur de l'avant-bras sur la poutre avant reliant les flotteurs. J'entends un craquement terrible et une douleur insupportable me foudroie. Et non pas me fout droit, car je me tords. Je pense m'être cassé le bras. Pour l'anecdote, j'ai embarqué à bord Céline, ma première petite amie qui vit désormais à Papeete où elle est professeur de musique. J'étais heureux de la revoir, mais la pauvre est paniquée, car le bateau part à la dérive. Pianotant sur les touches de la radio VHF, elle parvient à joindre mon frère qui arrive à fond avec son dinghy. Je suis conduit aux urgences à l'hôpital, le même où mon père avait été opéré d'une hernie discale trente-trois ans plus tôt. Je subis le grand jeu, radios, IRM et autres examens : ça ne plaisante pas ! Le diagnostic n'est pas ce que je pensais, le muscle fléchisseur de la main est arraché du cubitus au niveau du coude. La bonne nouvelle, c'est qu'il n'y a pas de traitement, le muscle va se ressouder tout seul. La mauvaise est que je dois rester le bras immobilisé pendant un mois, et ensuite passer un mois de convalescence à le ménager. Évidemment, ce repos forcé n'entre pas dans mes plans, car mes prévisions ont déjà pris beaucoup de retard. Je décide de couper la poire en deux, une semaine de repos à Tahiti, une à Raiatea et le reste en mer en ne forçant pas. Je me suis bercé d'illusions. Deux attelles me bloquent le poignet et le coude… Cependant, je n'oublie pas les réparations incontournables ; impossible de m'empêcher de bricoler. Je répare les dérives esquintées dans les chocs avec de l'enduit. Si je dépasse deux semaines de pause, je suis dans l'impasse, risquant d'être réduit à l'abandon. Je suis fragilisé, mais pas question de m'arrêter. Mon frère étant revenu de son charter, je passe la semaine avec lui à Tahiti. Ma blessure a fait tomber à l'eau nos projets de navigation sur mon catamaran. Dans la journée il est occupé, car son bateau sert d'hôtel au personnel d'un yacht de milliardaire aux dimensions de paquebot, et qui n'a pas le droit de rester dormir à bord. Nous nous voyons le soir à dîner avec des amis. Laurent prépare son emménagement à Tahiti, la petite famille est repartie à Raiatea où j'irai les rejoindre.

À force de fréquenter l'hôpital, je deviens copain avec l'un des médecins qui vit lui aussi sur un bateau. Je fais de belles rencontres avec une colonie de tourdumondistes, partis sur leurs voiliers de « tout poil » à la découverte de la planète à la grande époque post-soixante-huitarde où il était de bon ton de tout lâcher afin d'aller vivre sa vie. La découverte de Tahiti s'étant parée des charmes de la terre promise, ils ne sont pas allés plus loin et ont fait souche.

Papeete étant ma dernière grande ville avant Sydney en Australie, je parcours les magasins, rassemblant tout ce dont j'ai besoin. Alors que je vais chercher un colis, une belle surprise me réchauffe le cœur. Je me suis fait envoyer par DHL du matériel, une lame de dérive et des pièces de pilote ; le montant doit tourner autour de 2 000 euros de produits. Tahiti étant recordman du monde des taxes élevées, je dois sortir 1 000 euros pour récupérer mes commandes. Le responsable local de DHL m'apporte le paquet et, à ma stupéfaction, lance :

« C'est bon, il n'y a rien à payer !

— Par quel miracle ?

— Ma femme et moi nous admirons votre manière de prendre des risques, et nous suivons vos péripéties sur Internet. »

Il est vrai aussi que je suis passé sur les télés locales. Je lui demande comment le remercier, il me sort deux T-shirts marqués DHL en me disant :

« Tu les mettras de temps en temps et ça ira comme ça. »

Mes finances toujours serrées ont apprécié.

Nous opérons également le changement d'équipage du bateau accompagnateur : c'était programmé. Jacques Vincent et Emilia sa compagne débarquent, et Dominique Lemanceau, le propriétaire du bateau que je loue, et sa femme Chantal embarquent. Denis le photographe reste à bord. Son aide m'est précieuse ; il a beaucoup travaillé sur les bateaux. Ses compétences en électricité ont permis de régler les problèmes aussi bien sur mon petit cata que sur le gros suiveur.

Au bout d'une semaine, officiellement de repos, je quitte la marina de Papeete, cap sur Raiatea où réside encore mon frère avant son installation définitive à Tahiti. Il a déjà inscrit ses enfants à l'école internationale. Une petite navigation de 120 milles m'attend, mais j'ai l'intention d'y aller doucement en ne tirant pas sur mon bras. J'aime partir en fin de journée, et, en dépassant Moorea, le soleil me gratifie d'un coucher de soleil somptueux comme je n'en avais encore jamais vu, d'un rouge incendiaire. La réputation de Moorea n'est pas surfaite, l'île est vraiment très belle. En fin de nuit je passe devant Huahine, une île plantée d'une végétation verte et épaisse, belle et sauvage. Elle conserve un des derniers *marrés* intacts de la Polynésie : il s'agit d'un temple en pierre noire volcanique où trône en son milieu une solide pierre pointue d'un mètre de haut environ, un peu comme un petit menhir. Son usage fait frémir. Les sacrificateurs obligeaient les condamnés à des sacrifices humains à y poser leur tête pour l'écraser avec une autre grosse pierre, comme une coquille de noix. Les habitants de Huahine ressentent encore de la crainte et du respect pour cet endroit.

Vers 10 heures du matin, je repère un bateau faisant route sur moi au moteur. Il accélère tant qu'il peut sur une trajectoire d'interception. Non, il n'arbore pas le drapeau noir des pirates : je remarque un drapeau rouge à croix blanche, l'emblème suisse. Il s'agit d'un couple d'Helvètes résidant à Huahine. Ils suivaient mon odyssée et ma route en direct sur un *tracking* que je publie en permanence sur Internet, permettant de suivre ma position en temps réel. Pendant un quart d'heure nous avons discuté bord à bord à la radio, puis ils sont repartis, contents de m'avoir vu. Un clin d'œil amical sans vouloir me déranger, c'est réconfortant. Comme quoi les petits Suisses sont partout.

En arrivant sur Raiatea je trouve un comité d'accueil fourni, avec des amis de mes parents, des amis d'enfance. Je connais Yannick Citeau depuis toujours ; c'est un ami de mon père, installé ici avec femme, enfants, petits-enfants. Il habite sur un bateau et son fils Christophe sur un autre. Mon neveu Basile nous rejoint sur un canot pneumatique. Ma belle-sœur Caroline est là. La réception est très bon enfant, au milieu du cercle des intimes, je connais tout le monde. Seul mon frère retenu par un charter à Bora Bora manque à l'appel.

Une fois dans le lagon, je me pose sur un corps mort. Christophe, qui vit dans l'île depuis trente ans, me prend en main. Une des particularités de Raiatea, hormis ses paysages sauvages et escarpés qui permettent d'embrasser l'immensité du lagon, est d'abriter une grosse communauté de voileux tourdumondistes, plus nombreux ici qu'à Papeete. Touchés par l'illumination ils sont restés là pour y vivre leur vie, continuant à habiter leur bateau comme des nomades leur roulotte. C'est un village flottant, bastion de civilisation francophone au cœur du Pacifique. Coïncidence magnifique, je rencontre la navigatrice française Christine Guillou, skipper d'un équipage féminin dans une course autour du monde, avec son Suédois de mari Johan Salen et leur fils, en escale sur un voilier de 18 mètres. Ils ont quitté la Suède pour s'installer à Lanzarote, aux Canaries. Question climat, il n'y a pas photo ! Sur une de leurs bonnes idées, je me retrouve un soir à animer une conférence devant mes potes les gitans de la mer, dans un restaurant qui fait salle comble. Plus de deux cents personnes viennent m'écouter raconter mes aventures et mes mésaventures.

Pendant mon séjour, j'habite chez Laurent ; il vit dans une sorte d'habitation qui tient de la case et du mobile home. Aidé par les jeunes du yacht-club, je mets mon bateau à terre. Une révision complète s'impose, principalement du système de gouvernail et des pilotes qui font les mauvaises têtes depuis le départ. Laurent revenu de Bora Bora, l'île d'à côté, me donne un sérieux coup de main. Nous reformons le tandem des frères Bourgnon comme jadis dans la course au large. Il me fait fabriquer des femelots de gouvernail par un soudeur local… du solide, on peut lui faire confiance. Laurent, je l'ai déjà dit, est un technicien et un préparateur hors pair. Il entreprend de réaliser un check-up complet, tout ce qui peut s'user et se casser est passé au peigne fin. Me sentir épaulé par mon grand frère me réconforte. La seule journée de repos que je prends n'est pas pour « farnienter » dans un hamac, car je me lance dans une régate endiablée avec mon neveu Basile. Ce n'est pas raisonnable avec mon bras handicapé, d'autant que je rajoute des éraflures aux jambes qui vont se creuser au sel de l'eau de mer et me gêner jusqu'à l'Australie. Mais si j'étais raisonnable, ça se saurait. C'est l'occasion pour moi de redécouvrir mon neveu et pour lui de faire la connaissance d'un oncle qu'il n'a pas vu depuis qu'il était tout petit. Quoi de mieux qu'un moment de complicité ? Je n'étais pas monté sur un Hobie Cat 16 depuis dix-huit ans, mais c'est comme la bicyclette, ça ne s'oublie pas. Du haut de ses 14 ans, Basile dégage une motivation, une hargne et une envie de gagner qui me stupéfient. Pas besoin de demander de qui il tient ! S'il ne devient pas compétiteur, je ne comprends plus rien : il a ça dans le sang ! Je lui apprends des trucs susceptibles de surprendre l'adversaire et de le battre, nous rigolons bien. La répartition des tâches est simple, je tiens la barre afin de ne pas trop solliciter mon bras et lui s'active aux manœuvres. Ces régates fort heureusement se déroulent à l'intérieur des lagons ; au-delà, la mer est souvent agitée et réclame plus d'engagement physique. Une chose est sûre, lagon ou pas lagon, le vent souffle fort et ne pardonne pas les erreurs. Si les mouillages sont paradisiaques – vision de l'aube du monde –, la mer en Polynésie est remuante et venteuse, elle se mérite. Regardez bien les photos des catalogues des marchands de croisières dans les îles du Pacifique : elles vous montrent des bateaux au repos posés sur la surface lisse du miroir d'un lagon bleu, à sec de toile. Jamais vous ne verrez un voilier penché à mort, forçant dans les vagues et l'écume : ça fait fuir le client. Et pourtant, c'est la vérité de la mer dans un Pacifique usurpateur récidiviste de son nom. Bon, c'est dit !...

Les conseils du tonton ont porté leurs fruits et mon neveu a remporté sa régate, suivie d'autres régates gagnantes. La tendance de mon frère à le freiner des quatre fers m'a étonné, bien que je le comprenne. En tant que père, il s'inquiète de voir son fils entrer dans le grand cirque de la compétition à la voile. Il craint surtout de le voir se rendre en Hobie Cat à Bora Bora par la mer avec les creux de 4 mètres qui sont la règle dominante. Il sait les risques qu'il a pris, par goût, dans sa jeunesse et il redoute de le voir suivre le même chemin. Seulement voilà, je l'ai ressenti : Basile est un Bourgnon, dur au mal et endurant.

Le temps s'écoule, l'escale enfile les petits riens ou les grandes choses de la vie comme des perles. Je suis heureux de bricoler côte à côte avec mon frère en bavardant comme si on ne s'était jamais quitté, je suis heureux de montrer quelques ficelles de la voile à mon neveu, je suis heureux d'être au milieu de ma famille et de mes amis. Le bonheur peut être simple comme la vie de tous les jours. Mon bras tient, je le sens, en dépit d'une douleur tapie dans l'ombre. Fragile, la guérison est en bonne voie, mais les attelles sont encore des tuteurs indispensables, il est trop tôt pour les jeter par-dessus bord. Un constat cependant me rassure et me rappelle aux réalités du défi de ma vie : malgré ma blessure, je n'ai pas perdu autant de temps que je le craignais. Je retrouve confiance en ma capacité de reprendre la mer, mais avant de me lancer dans une étape de longue haleine je veux mettre à l'épreuve mon état de santé sur un petit galop d'essai pépère. Je dis au revoir à tout le monde et pars pour Bora Bora, la porte à côté et de surcroît sur ma route. Autre intérêt, Laurent est reparti là-bas avec des passagers depuis deux jours, je vais le rejoindre avant de quitter la Polynésie française et les îles du Vent.

Vous connaissez l'histoire de « Je m'voyais déjà » ! Je m'voyais déjà tranquille, peinard à Bora Bora, la perle du Pacifique d'une beauté foudroyante surplombée par sa montagne noire, dernier refuge de Paul-Émile Victor, ultime récompense des décennies de glaces polaires. Les lourdes fourrures remplacées par un simple paréo. La formalité se transforme en mauvais rêve. D'abord je me fais des frayeurs dans la passe : elle fait 50 mètres de large, c'est étroit, je suis obligé de tirer des bords au ras des cailloux, les vagues déferlent aux extrémités, les courants m'entraînent, un virement raté et c'est la catastrophe. Je transpire. Tous les bateaux du coin franchissent la passe de Raiatea au moteur, moi je n'en ai pas, je m'en sors au pif et en croisant les doigts. Une fois sorti, ce n'est pas mieux. La mer bleue et chaude montre son vrai visage acariâtre sous des dehors bienveillants. Je me retrouve assailli par des creux hachés de 4 à 5 mètres et 35 nœuds de vent. L'équivalent d'un sérieux coup de tabac hivernal en mer d'Irlande, sauf que le ciel est radieux et qu'il fait chaud. Je me fais brasser jusqu'à Bora Bora pendant six heures. Pour un test, c'est réussi, je n'en demandais pas tant !

L'endroit où est mouillé le « big boat » de Laurent ne me plaît pas, il n'est pas assez abrité. Je me dirige vers la plage et je m'amarre à un petit corps mort. L'avantage avec mon cata de sport léger est que je peux avancer jusque dans 20 centimètres d'eau et descendre à pied. En revanche je n'aime pas *beacher*, c'est-à-dire m'échouer sur le sable, car j'ai des capteurs sous les coques qui risquent d'être endommagés. Je me méfie, je n'ai jamais connu un endroit aussi infesté de récifs. Mon frère finit par venir s'installer près de moi dans le même mouillage. Le soir, lorsque ses clients sont couchés dans leurs cabines, nous nous retrouvons pour une soirée d'adieu. L'équipage de mon bateau accompagnateur est présent ainsi qu'une nouvelle recrue, Patrick Fabre, le directeur de l'office du tourisme de Ouistreham en vacances par là. Je ne le sais pas encore, mais il aura une influence déterminante sur la suite de mon aventure après mon naufrage. Le monde est petit. Notre soirée est grave et fraternelle. Avec Laurent la pudeur n'est jamais loin, ce n'est pas un démonstratif. La conversation roule sur les îles Fidji, ma prochaine destination. « Attention, me dit-il, une dépression arrive dans le secteur, du costaud. » « Attention aussi au racket des douanes : les gars ne sont pas du genre détendus. » Merci frérot, on fera gaffe ! Mais pas question d'attendre, ça fait partie du jeu. Je repense au proverbe breton : « Qui trop écoute la météo reste au bistro. » Là-dessus il raconte des anecdotes sur ses clients, surtout les Américains qui ont tendance à se croire tout permis parce qu'ils payent. La méthode de Laurent pour les calmer est simple : « Vous n'êtes pas contents ? Très bien ! leur lance-t-il. Je vous rends votre argent et je vous débarque. » Ce langage direct a la vertu de les assagir rapidement. Nous de notre côté ne faisons ni caprice ni excès, nous nous contentons d'une bouteille de vin. On ne peut pas dire que nous avons picolé pour fêter mon départ. Du coup, le lendemain matin, j'ai les idées claires.

En allant prendre la météo dans un petit yacht-club sympathique, je tombe sur un type original qui s'est lancé lui aussi dans un tour du monde. Quelle drôle d'idée ! Il est originaire de La Réunion et surtout il a plein de cartes marines. Toujours très pauvre en la matière, je lui demande si je peux photographier les siennes. « Pas de problème », me dit-il. Aussitôt dit aussitôt fait. Mon photographe accompagnateur se met en devoir d'en tirer des clichés, morceau par morceau, et de les imprimer. C'est du bricolo, il n'en ressort aucune carte entière, j'ai deux moitiés de Pacifique et des bouts de zones. Pas grave, c'est mieux que rien, les cartes coûtent cher. Je prendrai plus de marge de sécurité la prochaine fois. Comme je n'ai pas pu plastifier ces feuilles, elles finiront dans un sale état. De toute manière je n'utilise pas de carte sur les grandes traversées, juste une calculatrice, plus les étoiles et le sens des vagues – à l'exemple des anciens Polynésiens arrivés de l'Asie avec des longues pirogues de mer.

Derniers adieux, derniers colliers de fleurs, je pars dans l'après-midi du 30 avril. J'ai passé vingt jours avec mon frère. J'ai réalisé le deuxième but de ce voyage au long cours en forme de quête : le revoir avec toute sa famille. Rester est tentant, mais je dois poursuivre si je veux aller au bout de mon rêve. La route de l'Australie s'ouvre devant mes étraves avides d'océan.

12

D'île en île, l'Océanie au naturel

Voilà c'est parti, Bora Bora dans le rétroviseur ! Je vise les Fidji, terme de ma prochaine escale et, au-delà, l'Australie. J'ai arrêté de compter les étapes, je ferai le compte une fois mon périple terminé. La rentrée scolaire s'avère difficile après deux semaines de pause. D'emblée je me trouve chahuté par une météo musclée. Les vagues submergent le trampoline, et le vent bloque son aiguille sur 25 nœuds. Tout est trempé à bord et je suis en combinaison étanche. Cela dit, je ne déteste pas ces conditions viriles. Au troisième jour de ce régime, le bateau accompagnateur m'informe qu'il a de nouveau cassé la bôme dans tout ce remue-ménage : la réparation n'a pas tenu. Déjà pas mal éloigné de moi, il précise qu'il se déroute vers Pago Pago, la capitale des îles américaines des Samoa. Je décide de faire la même chose afin de ne pas perdre le contact. Décision renforcée par la panne du téléphone satellite Iridium de mon tender. Nous ne pouvons plus correspondre, le silence radio s'instaure entre nous. Pour couronner ces bonnes nouvelles, en fin d'après-midi, je vois monter une grande barre noire sur l'horizon. Curieusement la mer est calme, mais je ne me fais pas d'illusion : j'ai compris que je vais « prendre cher », comme on dit. Le vent grimpe à 50 nœuds – 100 kilomètres à l'heure environ –, il s'époumone dur. La pluie est plus difficile à supporter, elle tombe dru, en rideau : on croirait la mousson. Au bout de trois heures de ce traitement, je suis trempé jusqu'aux os en dépit de la combinaison étanche. L'explication est technique : la molécule d'eau douce est plus fine que la molécule d'eau de mer, par conséquent la pluie transperce le Gore-Tex. Vivre trempé n'a rien d'agréable ; en me creusant les méninges, je me souviens d'avoir fourré au fond d'un sac une sorte de chasuble en Néoprène, la matière des combinaisons de plongée. Elle ressemble à une veste descendant jusqu'aux genoux et dotée au milieu d'une fermeture éclair. Je me félicite de l'avoir embarquée dans mon attirail, car elle se révèle la meilleure protection contre l'eau douce ou salée que je connaisse. Je l'enfile pardessus la combinaison étanche. Je la passe aussi pour dormir, elle maintient la chaleur et me préserve du froid. Cette veste-chasuble embarquée par hasard et gagnée en prime d'une régate du dimanche avant mon départ des Sables est devenue mon vêtement fétiche. Pas d'enthousiasme démesuré cependant, le tissu étanche respirant en Gore-Tex se transperce en deux heures et le Néoprène en quatre heures… tout a ses limites.

Le vent fait n'importe quoi, il passe de zéro à 30 nœuds en un instant. Le tonnerre se met de la partie et je sens la foudre très proche, contrairement à l'Atlantique où généralement elle se cantonne au loin. Je me recroqueville sur mon trampoline à chaque coup de tonnerre. Le carbone composant les coques est un matériau très conducteur d'électricité, et j'ai peur d'être foudroyé. Je me suis mis à sec de toile, avançant lentement vers les Samoa. Je subis cette situation peu brillante. Bien que sous les tropiques, la nuit je grelotte. Mon bateau étant dépourvu de cabine, il est impossible de me changer en m'abritant un moment au sec. Je suis condamné à rester dehors, exposé aux intempéries et à une pluie diluvienne. Les éclairs, le tonnerre surgissent de partout à la fois, comme un feu roulant. Sans informations météo, je suis plongé dans une incertitude profonde, j'ignore combien de temps ce bombardement céleste va durer. Je suis à tordre, épuisé, secoué, je n'ai pas connu de tempête aussi impressionnante depuis l'Atlantique et la Martinique. Le bateau tape et cogne fort dans les lames, il souffre, je l'entends craquer et gémir. Dormir, il ne faut pas y songer, je suis rivé à la barre, j'ai remarqué qu'en barrant je soulage le bateau en l'aidant à passer dans les vagues. Le calvaire dure cinq jours, cinq jours de survie. Malgré les secousses des coques et les cabrés qui me font penser à un cheval de rodéo, je m'oblige à manger un plat chaud en fin de journée. Sans y réussir toujours tant je suis secoué et brinquebalé. Les limites de « mission impossible » sont atteintes. Circonstance aggravante, je ne suis pas sur la bonne route, le vent me l'interdit. Tous mes vêtements sont imbibés d'eau et de sel, j'en porte quatre couches alourdies par le poids du liquide. Ma misère ne s'arrête pas là, car à force de barrer assis j'attrape des escarres au postérieur. Je m'étais préparé à ce mal en me disant que ça pouvait arriver. La réalité est plus douloureuse que je ne m'y attendais. Je tente de me mettre de la crème, mais tout devient compliqué lorsqu'on est en proie à la furie des éléments. L'opération est périlleuse, le pire est de se faire surprendre par une vague à moitié déshabillé. Essuyer l'eau salée prend du temps, laissant une humidité poisseuse inconfortable sur la peau. Je me maudis de n'avoir emporté qu'une combinaison étanche. Par la suite, j'en emporterai plusieurs. Pour arranger la situation, celle que je porte commence à être de moins en moins efficace ; je l'ai depuis le départ, elle est à bout de souffle, pour tout dire elle est devenue poreuse. Je me couvre de petits boutons, je gèle, je n'en peux plus. Vaille que vaille, serrant les dents, je finis par arriver le 8 mai aux Samoa. Finalement le déroutement est le bienvenu, je n'aurais pas continué comme ça jusqu'aux Fidji. Je suis tellement fatigué que je prends le risque de rentrer de nuit dans le port de Pago Pago. Mon bateau accompagnateur, plus rapide que moi au près, m'attendait au mouillage.

Le port, à vocation majoritairement militaire, est un havre naturel exceptionnel pénétrant sur 4 kilomètres à l'intérieur des terres. Rien à voir avec un port de plaisance, il n'abrite que des vieux bateaux de guerre et des bateaux de pêche pourris. Les grains continuent à passer en rafales. Je n'ai jamais été autant arrosé de tout mon séjour dans le Pacifique. Comme nous sommes en territoire sous influence américaine, nous devons souscrire aux formalités, ça ne badine pas ! Cette escale est l'une des rares où il n'y a pas d'échange sympathique, pas d'esprit d'accueil, tout tourne autour de l'argent : *business is business* ! Nous sommes bien loin de l'esprit polynésien. La seule touche de charme dans ce décor terne, ce sont de vieux autobus colorés sortis tout droit des années 1960 et évoquant Cuba. Jamais je n'ai vu autant d'obèses dans les rues, à croire qu'ils se sont donné le mot. Un homme normal surprend. La plaque tournante de la ville est un MacDo : pas de doute, nous sommes bien dans l'ambiance « États-Unis ». La bôme du bateau accompagnateur est réparée et mal réparée, les négociations sur les prix sont âpres. Même les plaisanciers américains refusent de nous aider. La philosophie est simple : « Si tu as besoin d'un service, tu payes. »

Le climat et l'ambiance pourris, les bateaux rouillés, les gens désagréables, l'escale imprévue ne donne aucune envie de s'éterniser. Inutile de faire le détour pour ceux qui seraient tentés. Nous, c'est différent, nous n'avions pas le choix. Je suis heureux de quitter ces lieux inhospitaliers. J'y suis resté cinq jours en attendant la réparation de mon bateau d'assistance ; le seul aspect positif de cet arrêt est que j'en ai profité, une fois n'est pas coutume, pour lever le pied. J'ai récupéré des fatigues de la tempête et je ne songe qu'à deux choses, me tirer de là et rattraper le temps perdu vers les Fidji.

Le 12 mai, je mets les voiles, pas fâché de quitter les Samoa et bien décidé à ne jamais y revenir. Nous sommes en milieu de journée, la météo s'affiche venteuse, le vent souffle encore à 25 nœuds mais cette fois il adonne dans le dos et me porte vers ma destination. Je ne m'en plains pas. Les conditions sont maniables en ce début de parcours. Je dois toujours ménager mon bras : il a résisté à la tempête, mais je ressens encore une douleur. Heureusement, je suis sur un petit multicoque, rien de comparable avec les grands trimarans de la Route du Rhum. Je n'ai pas besoin de développer d'efforts surhumains. J'anticipe les manœuvres et je m'économise, car dès que je force un peu, la douleur me rappelle à l'ordre. Deux jours seulement après mon départ, j'aperçois des îles. Les Fidji, déjà ! Ne pavoisons pas trop vite, car le meilleur reste à venir – ou le pire ! Les Fidji, c'est quatre cents îles, plus des îlots et des milliers de récifs. La république des Fidji s'étend sur 1 300 000 kilomètres carrés de mer, semés de confettis de terre. Les deux tiers des îles sont déserts ; la population n'est que de 840 000 habitants. En fait, les Fidji sont un champ de mines pour la navigation et je ne vais pas tarder à en faire l'amère expérience.

À l'approche de Suva, la plus grande des îles, je découvre droit devant un énorme récif en plein milieu de la mer. J'essaie de le contourner, mais le traître est entouré de complices : une multitude d'autres récifs forment comme un entonnoir de part et d'autre. J'entre dedans, pas moyen de faire autrement. Je barre un coup à gauche, un coup à droite, à chaque fois je me heurte aux parois de l'entonnoir et la nuit commence à tomber. J'y vois de moins en moins. Je vire de bord au bruit des rouleaux sur les récifs ; j'ai peur de m'échouer ou de casser quelque chose. Je sens des sueurs froides me couler dans le cou. Me dépatouiller de ce piège me prend une heure et demie. Et ce n'est qu'un début…

Après cette première frayeur, j'enchaîne avec des orages soudains. Le tonnerre éclate en même temps que l'éclair, je n'ai jamais vu cela, c'est terrifiant. L'explosion est tellement forte qu'elle fait mal aux oreilles. La visibilité est nulle maintenant, et je suis toujours près des récifs, tenaillé par l'angoisse d'être foudroyé. J'ai connu mieux. Vidé, je m'endors trois quarts d'heure et je me réveille à un mille des maudits récifs coralliens. Par chance, j'ai réussi à me repérer en reconnaissant une île sur la carte. Je tiens le bon bout, mais ce n'est pas fini.

Pendant toute une journée je longe le récif sud-est de Suva sous les grains et dans les sautes de vent. Une ultime frayeur en franchissant la passe, de nuit, avec 20 nœuds de vent. Sans les deux phares qui balisent l'alignement, je ne m'y serais pas risqué. La dernière ligne droite – si je peux dire – dans le lagon est tout aussi anxiogène, car il est parsemé de tonnes d'amarrages de cargos non éclairées – Suva est un port mixte de commerce et de plaisance. Parvenu devant le yacht-club local, je me mets à couple de mon bateau accompagnateur, ce que je n'ai encore jamais fait. Je monte dormir à son bord sans demander mon reste.

Dans la nuit, un coup de vent à 60 nœuds – près de 120 kilomètres à l'heure – se lève. Les pare-battages sont insuffisants pour absorber les chocs des coques, les mâts commencent à s'entremêler, les cordages et les pontets s'arrachent. Dans l'urgence, il faut séparer les deux bateaux. Je reprends la manœuvre pour aller mouiller à l'arrière du gros monocoque. Il est 3 heures du matin, et je suis en caleçon sous une pluie torrentielle à lutter pour éviter le pire. Le grand bleu du Pacifique et le ciel pur d'azur nous boudent vraiment. Voilà une troisième nuit sans sommeil ou si peu qu'il est inutile d'en parler.

Le lendemain les ennuis continuent, avec les formalités cette fois. Pour les dédouanements et autres démarches, le yacht-club m'annonce que l'on doit passer par lui en tant qu'agent. Je n'ai pas l'intention de m'en laisser conter. Tête de mule comme je sais l'être, je décrète que je n'ai pas besoin d'agent. La responsable du gentil yacht-club s'étrangle d'indignation. Je déclare mon petit catamaran annexe du gros, évitant ainsi de déclarer deux embarcations – la taxe étant de 300 dollars par bateau. Le crime de lèse-majesté étant consommé, je ne suis plus *persona grata* au club. La femme me prophétise les pires ennuis. Contre ses attentes, je m'en sors plutôt bien. Au prix d'une journée perdue en formalités, c'est sûr, j'économise 600 dollars. Le jeu en vaut la chandelle. Je suis aux Fidji pour couper ma route vers l'Australie et Darwin, mais pas seulement. Je m'y suis fait envoyer un gennaker que je dois impérativement récupérer. En attendant, nous restons avec toute l'équipe dans les quartiers industriels de Suva, car nous ne pouvons pas aller visiter les lieux réputés pour leurs plages et leur faune sous-marine. Nous sommes cloués à attendre, par bonheur pas trop longtemps. La taxe en douane est hallucinante, la voile vaut 500 euros, elle atteint 400 euros. Ces îles des archipels Samoa et Fidji où je me suis arrêté, je ne les recommande pas aux navigateurs. D'ailleurs on n'y voit plus d'Européens. Le plan est de venir émarger à Suva et ensuite de partir se balader dans les îles désertes. Un proverbe tahitien dit

« Jour pluvieux, jour heureux » : j'aurais dû être très heureux, car l'escale des Fidji n'a duré que cinq jours qui furent un enfer de pluie dégoulinante, grain sur grain. Le travail sous les trombes d'eau est pénible, alors que je devais réparer un trou dans le pont d'une coque. Piètre consolation, j'ai trouvé à Suva la meilleure connexion Internet du Pacifique. J'en ai profité pour prendre des nouvelles du monde et de France, et j'ai fait le plein d'informations. J'aurais pu m'en passer, les nouvelles ne sont pas euphorisantes. Ainsi va le monde. Je me demande si je ne suis pas mieux sur mes deux petites coques au milieu des tempêtes.

J'ai parcouru 678 milles entre les Samoa et les Fidji, une courte étape comparable m'attend : 670 milles me séparent du Vanuatu. Arrivé le 16 mai à Suva, j'en repars le 21, tard dans l'après-midi. Je me retrouve vite à naviguer de nuit entre deux îles. Le passage est étroit. Les récifs me guettent dans l'obscurité ; je ne les vois pas, mais je les entends. Je suis devenu assez bon à cet exercice et parviens à déterminer à l'oreille s'ils sont à 50, 100 ou 200 mètres. Je détecte des cailloux devant et à droite, rien à gauche, je vire et j'entends encore des ressacs devant. Enfer et damnation, je suis entré dans une baie, je suis encerclé de fourbes. Les sens aux aguets, à l'intuition, je m'en sors avec beaucoup de transpiration. La prochaine fois, je ne reviendrai pas aux Fidji : il y a trop de cailloux dans les lentilles. J'irai à Wallis-et-Futuna, c'est plus sympa ! Il y a moins de patates de corail ! Pour changer, il pleut et il fait froid la nuit. Je claque des dents malgré les couches superposées de vêtements. Mais où est passé le Pacifique exotique des catalogues ?

Le lendemain matin, branle-bas de combat : la fixation de mon gouvernail sur le tableau arrière s'arrache – cette pièce s'appelle un « fémelot ». Les boulons ont cassé net, alors que j'en avais mis des gros. Je démonte le safran et l'allonge sur le trampoline, limitant les dégâts. La même situation m'est arrivée en Atlantique, donc pas de panique je sais quoi faire. Je bricole un système de drosse de barre me permettant de continuer à utiliser le pilote automatique. Le safran valide doit être ménagé, donc je lève le pied. Le vent s'est un peu calmé le troisième jour, et le bateau glisse tout seul. Le soleil se cache encore, mais je m'amuse gentiment à dévaler les vagues en douceur ; un Sioux ne serait pas plus prudent que moi. Je prolonge une fois encore mon abonnement aux arrivées de nuit. L'approche est facile, pas de vilains récifs. J'entre dans la baie de Port-Vila à 21 heures – heure locale – dans un silence absolu. L'endroit est très abrité. Tout de suite je m'y sens bien. Je vais me plaire au Vanuatu, je flaire des bonnes ondes.

L'histoire du Vanuatu n'est pas sans rappeler celle des Seychelles ou de l'île Maurice. L'archipel a été colonisé par les Anglais et les Français qui l'occupaient les uns après les autres au gré des batailles gagnées ou perdues. Ces affrontements du passé ont laissé des traces : une partie de la population parle français, l'autre anglais. Les villages anglophones voisinent avec les villages francophones en bonne harmonie. Chacun apprend la langue de l'autre à l'école. Les gens vivent simplement et, comme ils possèdent peu de choses, personne n'envie le voisin. Ils habitent dans des huttes sans manquer de rien. Ils ont de quoi manger et boire, sans vouloir à tout prix acquérir les biens de la civilisation de consommation. Ils vivent un peu du tourisme, sans chercher à le développer – les touristes sont peu nombreux. De plus les taxes sont quasiment inexistantes, un rêve. Les habitants du Vanuatu ont été élus en 2006 – par je ne sais quel organisme – « le peuple le plus heureux de la terre ». Je ne suis pas loin de partager cet avis. On sent une réelle plénitude chez les gens ; ils sont gentils, serviables, et me réconcilient avec les habitants des îles après l'expérience décevante des Samoa et des Fidji.

Mon bateau a un besoin urgent de réparations, il a souffert de la dernière traversée. Je dois impérativement le sortir de l'eau. En allant sur la plage repérer un endroit où le tirer au sec, je tombe sur un pêcheur à qui j'explique ce que je veux faire.

« Pas de problème, me dit-il. Venez avec le bateau, je vous aiderai à le sortir. »

Je me présente en début d'après-midi, et là, que vois-je sur la grève ? Non pas une, ni deux, mais trente personnes qui m'attendent ! Le pêcheur a rameuté sa famille et le village. Je suis ému de ce grand moment de solidarité. Justin, un local, est patron d'un petit chantier naval très sommaire ; il me trouve les boulons et l'outillage. Tout le monde s'y met pour produire les pièces nécessaires ou les récupérer sur des épaves. Michel, un francophone, me fabrique des cosses pour mon gennaker. Quelques résidents français viennent à la rescousse. L'esprit d'entraide est bien vivant ici ; je me sens en communion avec ces hommes et ces femmes. En une semaine, mon safran est refixé et le bateau révisé. Je vais pouvoir repartir, non sans procéder à un sérieux ravitaillement.

Je quitte le Vanuatu avec regret : ses habitants sont généreux et ils ont peut-être trouvé une forme de sagesse en se contentant de ce qu'ils ont. Mais la nature est magnanime avec eux. Je reprends la mer le 30 mai, une longue étape de 1 200 milles se profile. Une bonne trotte !

13

Île déserte, sable blanc et Barrière de corail

Cap sur la Papouasie-Nouvelle-Guinée. Selon un scénario bien rodé, la halte chez les Papous doit couper la route de Darwin permettant de reprendre quelques forces avant de continuer. Mille deux cents milles – 2 200 kilomètres – représentent une belle traite, d'autant que le Pacifique continue à faire mentir son nom.

À peine reparti, j'affronte un vent de sud-est bien charpenté de 35 nœuds – 70 kilomètres à l'heure pour arrondir les choses. Si le soleil brille par son absence, en revanche la pluie est présente. La mer est très agitée, les vagues croisées s'entrechoquent. Mon vaillant petit catamaran ne se marre pas, sa plate-forme est sollicitée sans répit. Elle se déforme sous l'effort, mais ne rompt pas. Quant à moi, je suis une fois de plus trempé, les coups de raquette donnés par le bateau m'interdisent de me changer, le froid est encore plus intense que d'habitude. Cette sensation de geler en plein cœur des tropiques est surprenante ; la pluie battante et le vent l'expliquent. Pour moi, les ennuis s'enchaînent dès le début.

Le premier jour, l'axe du safran tribord casse net. Ma bonne étoile veille, j'ai du mal à changer un axe de safran au port, et là je réussis l'opération au bout de deux heures d'effort dans 3 mètres de creux : un petit miracle sans lequel ma situation aurait pu tourner au drame. Le lendemain, en effet, au deuxième jour, c'est la lame de safran du gouvernail bâbord, le gauche, qui se sépare en deux. À croire qu'ils se sont donné le mot pour me pourrir la vie. Depuis le début de mon tour du monde je suis poursuivi par ces avaries de gouvernail, un point de fragilité de mon bateau difficile à maîtriser. Dans mon malheur je suis parvenu à en réparer un sur deux ; tant mieux, sinon je serais parti à la dérive. Me retrouver handicapé à l'entame d'une grande traversée ne me semble pas de bon augure. Il m'est impossible de continuer dans ces conditions, ce n'est pas prudent. D'autant que je ne suis pas très sûr de la réparation de mon axe, qui peut relâcher à tout moment. Je dois revoir mes plans, il me faut faire escale très vite afin de remettre solidement en état mes appareils à gouverner. Bien dit, sauf qu'entre le Vanuatu et la Papouasie il n'y a rien, pas une île.

À force de tourner et retourner la carte, je découvre une crotte de mouche, un atoll, un îlot, je ne sais pas trop. L'émergence mystérieuse porte un nom : Mellish Reef. Par radio je préviens le bateau accompagnateur que nous mettons cap dessus. J'y arrive au lever du jour de la quatrième journée de traversée. La vision est surréaliste, un simple banc de sable blanc affleure sur l'océan entouré de récifs. La protection est illusoire, *Idéo*, mon bateau accompagnateur, parvient à mouiller dans des dispositions sportives et je m'accroche derrière lui. L'endroit est étrange, la bande de sable s'allonge sur 100 mètres et s'élève à 1,50 mètre au-dessus de la surface, sans un brin de végétation. Cette bribe sableuse désolée est la seule terre à 1 000 kilomètres à la ronde. La météo n'est pas de tout repos : le vent continue à souffler à 35 nœuds, les vagues sont fortes et déferlent sur les coraux. Nous essayons de nous approcher de l'îlot désert en espérant améliorer notre abri. Mal nous en prend. Désert de présence humaine, l'îlot est couvert de milliers d'oiseaux de mer, des sternes, qui nous attaquent comme dans *Les Oiseaux* de Hitchcock. Ils défendent leur territoire – peut-être sont-ils en période de nidification. Leur agression violente nous oblige à rebrousser chemin et à aller mouiller plus loin. Des milliers, peut-être des millions d'oiseaux occupant chaque centimètre carré de ce banc de sable perdu nous ont dicté leur loi.

L'océan est très agité dans notre nouveau mouillage, et les réparations sont compliquées au milieu du boogie-woogie des vagues en folie. Petite récompense : nous sommes gratifiés d'un somptueux coucher de soleil rouge et trente heures après notre arrivée je repars avec deux gouvernails retapés et opérationnels qui vont m'aider à poursuivre ma route. Finalement, mon arrêt fortuit à Mellish Reef est une heureuse surprise. Il m'a permis de découvrir un îlot sauvage planté au milieu de nulle part où la nature ignore la présence de l'homme et vit selon ses propres règles. Comme avant l'humanité.

L'arrêt au stand à Mellish Reef m'a obligé à descendre au sud. Remonter au nord vers la Nouvelle-Guinée ne me servirait plus à rien, sinon à me faire perdre du temps. J'annule mon idée première d'aller y faire escale. La Papouasie sera pour un autre jour. Du coup, pas de Papous ! J'avais pourtant potassé les guides…

La Papouasie-Nouvelle-Guinée est une monarchie constitutionnelle dont la souveraine est la reine Elizabeth II d'Angleterre, rien de moins. Et le nom de Papou, selon le naturaliste Alfred Wallace, vient du malais *papuwah* qui signifie « crépu ». Je remise mon savoir tout neuf et me dirige désormais sur le détroit de Torrès, décidé à atteindre Darwin sans plus m'arrêter.

La nouvelle étape que je viens de définir n'est pas une mince affaire. Je vais devoir parcourir 1 600 milles ; c'est la troisième plus longue distance que j'ai réalisée, après l'Atlantique et le Pacifique entre les Galápagos et les Marquises. Le manque de soleil commence à me peser. Je navigue dans une zone du monde où il est censé faire beau et chaud, et je me retrouve avec un temps d'hiver en Irlande : nuages, vent, pluie sont mon lot depuis des semaines. Se repérer au sextant est un enfer. La mer est grosse et il fait un froid pénétrant – incroyable par 16 degrés de latitude sud. Je porte un bonnet et des gants de ski, et, sur *Idéo*, l'équipage porte des cirés comme en Bretagne.

Deux jours après le départ de Mellish Reef, le vent s'est remis à monter, m'obligeant à prendre un troisième ris dans la grand-voile et à rouler mon gennaker. Les rafales atteignent 45 nœuds ; je me mets à sec de toile. Le temps se calme brièvement, puis repart à 50 nœuds. Dans une nouvelle accalmie, je libère le troisième ris ; avec juste un bout de toile, je fonce à 15 nœuds.

Au quatrième jour, j'aborde la Grande Barrière de corail – l'une des merveilles du monde – qui longe le nord de l'Australie sur 2 600 kilomètres, de Brisbane au détroit de Torrès à 150 kilomètres des côtes. À 10 000 mètres d'altitude en avion, on l'englobe dans toute son ampleur et on la survole pendant trois heures. J'en suis à une centaine de milles, la couverture nuageuse est épaisse, la visibilité mauvaise, et soudain le vent revient brutalement : une explosion à 65 nœuds – plus de 120 kilomètres à l'heure. Je cours en pied de mât affaler mon bout de voile. À ce moment, les deux étraves se plantent dans un mur de vagues de 7 mètres, et le bateau stoppe net, vitesse zéro. Je pars valdinguer sur le tangon et je m'explose le dos. Continuant ma trajectoire, je tombe dans l'eau jusqu'à la poitrine. J'attrape tout ce qui me vient sous la main, cordages, câbles, l'extrémité du tangon et je remonte dans un réflexe de survie, les forces décuplées par l'adrénaline. Ce sont les nerfs qui agissent, pas mon cerveau. Une douleur fulgurante me transperce le bras droit, le muscle arraché à Tahiti et mal cicatrisé lâche de nouveau sous l'effort formidable que je viens de fournir. Je souffre un double martyre avec mon bras estropié et mon dos bloqué. Mon étagère au-dessus du flotteur n'est pas très haute, cependant j'ai un mal fou à l'escalader pour m'y allonger. Incapable de bouger, je demeure immobile, la télécommande de mes pilotes à la main, mon bras m'interdit de barrer. Pour la première fois depuis le début de cette aventure et malgré les tempêtes violentes déjà essuyées, je me sens vraiment en danger de mort. Cette tempête-là dépasse toutes les autres. Le bateau dévale les vagues un peu au hasard, il fait ce qu'il peut. Dans ma tête tourne une obsession : « Si on se retourne maintenant, je suis mort. »

La nuit est atroce, tout peut arriver, impossible de fermer l'œil. Mon sentiment d'impuissance est total, je subis. Le fond n'est pas encore atteint, les batteries tombent en panne. Elles fonctionnent à l'énergie solaire et, à cause du manque de soleil, elles sont insuffisamment chargées. Plus de pilotes. Je suis bien obligé de remettre la main à la barre, alors que je peux à peine bouger le bras. Pour couronner le tout, une odeur de brûlé attire à présent mon attention. En dépit de mon état de quasi impotent, je suis contraint de descendre dans un flotteur couper le circuit : des petites flammes qui auraient pu provoquer un incendie commençaient à attaquer une cloison de la coque. Les catastrophes s'accumulent : ça fait beaucoup. N'en jetez plus !

Au petit matin, le vent se calme un peu, descendant à 30 nœuds. J'ai tenu toute la nuit, surmontant mes douleurs avec l'énergie du désespoir. J'ai pensé ne pas pouvoir survivre, trop d'éléments s'étant ligués contre moi, mais j'ai survécu parce que j'ai toujours trouvé une étincelle qui m'a poussé à me battre au moment où tout semblait terminé. Je me sens dans la peau d'un survivant et suis fier de moi. Fier d'avoir survécu à toutes ces épreuves. Cette horrible nuit où j'ai cru arrivée ma fin m'a appris beaucoup de choses sur moi-même et sur la capacité de l'homme à survivre, à force de volonté et d'instinct animal.

L'approche de la Grande Barrière de corail m'envoie une décharge électrique. Je dois absolument me remettre debout, sinon je ne vais pas pouvoir mener le bateau dans la bonne direction dans la passe. Je dois renvoyer de la toile si je veux cesser de me traîner. Il est impératif que je reprenne les points au sextant : je dois me situer avec précision sinon je risque de me fracasser sur des blocs de coraux. Il n'est pas question de se laisser porter lamentablement après m'être tiré des griffes de cette apocalypse. La Grande Barrière, c'est la Muraille de Chine avec une porte tous les 200 milles. Si tu rates la porte, tu fonces dans le mur.

Me mettre debout me prend une demi-heure ; les jambes, le bras, remuent lentement au prix de douleurs fulgurantes. Je suis statique, je dois redevenir mobile. Je tente des mouvements légers, en douceur. Mon dos se débloque doucement, je sens une petite amélioration. J'étais contracté à mort, le danger passé je commence à me détendre. Drôle de mécanique que le corps humain ! Le soir, excepté le bras en berne, j'ai retrouvé mes capacités à manœuvrer, même si les douleurs n'ont pas disparu.

Le soleil daigne apparaître trois fois, suffisamment pour que mon fidèle sextant me situe précisément. Le premier point depuis quatre jours. Je suis le long de la

Barrière, je peux enfin renvoyer de la voile et me diriger. Des vagues de 3 mètres déferlent sur les récifs, il était temps. Mon nouveau challenge est de découvrir l'entrée de la passe, la bonne porte. Deux heures après avoir atterri sur la muraille je suis à l'entrée, pas au sud comme je le croyais, mais au nord. Inutile de chipoter, l'important est de bien prendre le corridor. J'entre en m'épongeant le front, le bateau accompagnateur me suit de loin au *tracker*. Je lui signale que je veux m'arrêter, je n'en peux plus. Les vagues secouent comme en pleine mer et rien n'est propice à un arrêt. Sur la carte, je repère une île minuscule à deux heures de route, nommée Raine Island. Pas d'autre choix, je fonce dessus.

À destination je déchante, car un courant de 7 nœuds rend le mouillage inconfortable et dangereux. Tant pis, je suis trop crevé. Fort heureusement, le tender découvre un corps mort de service et s'y accroche, moi je m'accroche au tender. L'heure n'est plus aux finasseries, mon royaume pour une bannette. Transbordé tant bien que mal à la nuit tombée à bord d'*Idéo*, j'avale des anti-inflammatoires et je m'endors.

Au lever du jour, les panneaux solaires rechargent les batteries. Avec l'aide de l'équipage, je débloque ma grand-voile qui se coince dans son rail au milieu du mât et je me recouche. Restauré, réparé, gonflé à bloc, je repars dans l'après-midi. Mais l'immense lagon est bourré de pièges, et je suis loin d'être arrivé : cinq jours de navigation me séparent encore de Darwin à 800 milles en avant, avec tout le détroit de Torrès à franchir. Le retour du soleil et du ciel bleu me rend de bonne humeur, j'ai l'impression d'un nouveau départ. En passant la Grande Barrière de corail, je dis adieu au Pacifique. Je m'avance au milieu d'un amas d'îles, toutes habitées, couvertes de jolies maisons confortables. La terre est rouge, la végétation sèche, l'image de l'Australie dans toute sa splendeur. Les cargos ne sont pas très nombreux, la navigation est agréable. Sans transition je suis en balade. Après les deux mois de tempête que je viens de me payer, je l'apprécie à sa juste valeur. La température se radoucit, alors que de la Polynésie à l'Australie j'ai eu froid. Rien d'écrasant cependant : il fait 18 °C le jour pour une eau à 18 °C également. Ce n'est pas très chaud : on dirait le printemps en France, mais dans l'hémisphère Sud nous sommes en hiver. Le continent australien barre les vents du sud, la mer est devenue plate, j'en profite pour récupérer en dormant beaucoup par tranches d'une demi-heure. Les coques glissent paisiblement et je dors dix heures par jour. Les deux derniers jours sont vécus comme des vacances, je les prends comme une juste récompense. Du détroit de Torrès jusqu'à Darwin, je suis dans la mer d'Arufa.

J'entre dans la dernière baie très profonde, le golfe de Carpentarie, et je longe d'est en ouest en la laissant à ma droite l'île Melville – à 80 kilomètres au nord de Darwin –, la deuxième plus grande île d'Australie après la Tasmanie. Les courants sont énormes, poussant à 7 nœuds, les marées sont de douze heures, particularisme local. En entrant dans la baie, je me trouve devant un phare. J'ai beau avancer, virer de bord d'un côté et de l'autre, je me retrouve toujours face au phare. Le courant me repousse, et j'entends les vagues se briser sur les rochers : la tension monte. Je vire toutes les 25 minutes, m'efforçant de rester au milieu. Comme on dit, je fais de l'huile. En mer les retournements de situation sont inattendus. Pendant de longues heures, j'attends la renverse de la marée, et quand elle arrive enfin je me retrouve propulsé au vent arrière, le courant dans le dos, au milieu des remous. Je file à une vitesse incroyable, le bateau vibre de toutes ses membrures ; la sensation cependant n'est pas agréable, je serais sur une luge que ce serait pareil. Le courant décide à ma place et m'emmène où il veut. Dépourvu de moteur, je ne peux rien corriger de ma trajectoire. Je suis dans la main de la Providence, dans cette partie de toboggan. Je recroise mon bateau d'assistance que je n'avais pas vu depuis plusieurs jours.

« Salut !

— Salut ! »

Quelques mots brefs à la radio et rendez-vous au port.

Darwin s'étale enfin devant mes yeux enchantés. La ville est belle, pas monstrueuse, peuplée de 130 000 habitants, très étendue, la place ne manque pas. Capitale du Territoire du Nord (*Northern Territory*), c'est la plus petite capitale australienne. C'est aussi la ville où, paraît-il, les éclairs orageux sont les plus nombreux de la planète. L'organisation de l'accueil ne plaisante pas. Les douanes m'attendent : depuis plusieurs jours elles savent que je vais arriver, car un avion des douanes m'a survolé trois fois pendant mon parcours d'approche depuis le détroit de Torrès. Les formalités sont strictes mais courtoises, et se déroulent sans problème. Les choses se mettent en place très vite. Un Français, David, se présente pendant que nous dédouanons. Il est envoyé par Iridium – la compagnie des téléphones satellites – afin de réparer l'antenne du bateau accompagnateur. Habitant Darwin depuis longtemps, il devient mon « tuyauteur » officiel, celui qui me conseille et m'informe. Il me suggère de m'adresser au club de voile de Darwin, le Sailing Yacht-Club. D'après lui, j'y trouverai aide et assistance pour les réparations de mon petit catamaran. Mais ce programme pourra attendre demain : ce soir, j'ai faim et j'ai envie d'un steak, donc nous allons au restaurant. Les rues très propres sont tirées au cordeau.

L'accueil au yacht-club, plus réservé qu'en Polynésie – mœurs anglo-saxonnes obligent –, est cependant tout à fait chaleureux. Les membres se montrent très respectueux de mon défi et de ce que j'ai accompli jusque-là. Tout ce monde « *old chap* » semble prêt à m'aider. La liste des réparations est longue. La bonne volonté est évidente, mais cela ne suffit pas. En huit jours, j'abats un travail de maintenance énorme. Je commence par vouloir démâter : une vérification s'impose suite aux mauvais traitements infligés par les tempêtes. Le mât est maintenu à l'aide d'une corde par six personnes pendant que je le fais basculer sur sa boule à la base. Lorsqu'il s'incline, deux Australiens ayant mal calculé l'effort à fournir lâchent prise. Le mât s'écroule, je hurle à la mort. Le choc heureusement est amorti, et le mât tombe sur un petit catamaran de sport du club qui freine l'impact. Plus de peur que de mal. L'espar est indemne, mais l'antenne de l'AIS et la bouée du sommet sont arrachées. Mes deux Australiens sont penauds et ne savent plus où se mettre. Je suis presque obligé de les réconforter. La crainte d'un délaminage m'amène à renforcer le mât de quelques couches de carbone, il tiendra jusqu'au bout. Un usineur, déniché par mon ami, fabrique un nouveau fémelot en Inox. Depuis le départ, je ne compte plus les remplacements et la casse à répétition de cette pièce reliant le gouvernail au tableau arrière. David refait le câblage et les fixations de mes pilotes. La grand-voile déchirée par le mât a besoin d'être retaillée, et je donne un coup de main à Gary, le voilier, qui travaille seul. C'est un original consciencieux, qui possède le plus grand nombre de multicoques de sport de la baie – multicoques qu'il construit lui-même. Tous les soirs à 17 heures, il navigue pendant deux heures sur l'un de ses catamarans. Les Australiens, et d'une manière générale les Britanniques, aiment naviguer le soir après le travail. Souvent ils organisent des régates où ils parient la tournée de bière au bar du club, comme nous jouons l'apéro aux boules ou à la belote.

Le soir venu pendant mon séjour à Darwin, je travaille de mon côté les relations avec mes sponsors passés, présents et à venir, sans oublier les médias, dans un cybercafé. Pas de quoi lever la tête du guidon ! Si j'insiste au fil des étapes sur le récit de mes ennuis de matériel, de mes avaries, et du temps passé en réparations, ce n'est pas dans l'intention de faire étalage de la technique, mais bien pour montrer que j'en suis tributaire. Mon sort et la réussite de mon entreprise sont liés au bon état de mon bateau. Un manquement à l'entretien peut tout compromettre et tourner à la catastrophe. Il est normal que le maintien optimal du potentiel de mon petit catamaran soit l'une de mes grandes préoccupations. Sans lui, je ne suis rien. C'est aussi une manière de faire comprendre que la mer est la plus forte : elle use tout, elle casse tout, elle vient à bout de tout. Sauf de ma détermination.

Un soir, j'ai envie de me changer les idées et je vais boire un verre au bar du Sailing Yacht-Club. Comme d'habitude, je suis pieds nus. Je discute avec des membres en buvant des coups et ils me conseillent gentiment de m'aérer la tête. Ils me donnent l'adresse d'un bar où il y a de l'ambiance.

« Ça vous ferait du bien d'y aller », me disent-ils en chœur.

Ils m'ont tellement bien vendu leur lieu « où l'on s'amuse » que je me lève prêt à y aller. Soudain, je les vois hocher la tête, ils viennent de voir mes pieds nus.

« Ah ! dit l'un d'eux. Là, ça ne va pas être possible. »

Avec un grand sourire il retire ses chaussures de ville et me les donne. Je les enfile sans chaussettes, elles me vont, si je puis dire, comme un gant. Me voilà donc parti, et j'ai vécu, c'est vrai, une soirée formidable. J'ai fait la connaissance, dans le pub chaudement recommandé, d'une femme belle et intelligente, délicieuse rousse aux yeux verts, Victoria, une Anglaise, la plus belle des Anglaises que j'aie jamais vues. Tout pour plaire. J'ai bien failli ne jamais repartir de Darwin. Je n'avais plus envie de m'en aller. Mais l'enfer du devoir l'a emporté, je ne pouvais pas tourner la page après ce que je venais déjà d'accomplir, et refermer le livre. Je me devais d'aller jusqu'au bout. En conclusion de l'histoire de Cendrillon à l'envers et des chaussures à mon pied, le lendemain je croise des membres du yacht-club hilares qui me disent :

« Bravo ! Tu es le seul gars qui a fait rentrer le président en chaussettes chez lui ! »

Mon généreux donateur n'était autre que le président du yacht-club de Darwin. Très discret, il ne m'avait rien dit. Tous ces amoureux de la mer appréciaient mon aventure en connaisseurs, sans le montrer.

Au matin du 24 juin, huit jours après mon arrivée, je hisse les voiles. Le point de mire cette fois est Bali.

Hélas ! C'est en fait un faux départ… Sur le point d'installer la grand-voile, je me rends compte que la bordure – la ralingue – ne rentre plus dans la fente médiane du mât. *Damned !* Inutile de songer à partir. Gary, le voilier, est prévenu et rapplique en catastrophe. La ralingue de la voile, réparée et retaillée, est trop épaisse. Tout est à refaire. La grand-voile est ramenée à la voilerie, et nous travaillons tous les deux comme des forcenés : en cinq heures nous démontons et refaisons toutes les coutures. Vers 14 heures, je remonte l'ensemble. L'amélioration est sensible, mais la voile continue à mal coulisser. La cause me laisse pensif : en renforçant le mât avec des couches de tissu de carbone, j'ai rétréci le rail où s'insère la grand-voile. On ne saurait penser à tout… Il va falloir faire avec ! Je me dis que ça va s'adapter avec le temps, mais en fait ça va surtout coincer…

Me voilà donc reparti. Je quitte les antipodes et j'entame le chemin du retour, fatigué de cette étape : tous les jours j'ai consacré des heures et des heures à une révision complète de ma monture – la troisième du périple. Je ne le sais pas encore, mais c'est aussi la dernière avec ce bateau-là…

J'attaque la baie, mais pas pour longtemps : le pilote bâbord, celui qui me fait des misères depuis des lustres – pires qu'à Versailles – et qui pourtant avait été réparé par David, se remet à faire n'importe quoi. Une fois encore, retour à la case départ…

David s'applique, tire la langue, ressoude des fils. En une heure il a tout revu et rectifié, un temps record. Par miracle, le pilote ne bronchera plus jusqu'au Sri Lanka.

Sur le pont depuis l'aurore, je ne parviens à partir qu'au coucher du soleil, à l'issue d'une journée fertile en contretemps. Une petite foule est venue me voir reprendre la mer, et Gary m'accompagne un moment sur l'un de ses catamarans de sport faits maison. La nuit tombe vite, les lumières de Darwin s'estompent lentement sur mon arrière. Lentement parce que le vent est faible. J'entame l'étape la plus paisible de mon tour du monde.

14

Jours tranquilles à Bali

Bali, entre les îles de Java et de Lombok, est la plus petite des îles de la Sonde. Son nom évoque un parfum d'aventure lié à des archipels où se sont croisés Portugais et Hollandais dès le XVIe siècle. Je navigue tranquillement vers ce paradis touristique et ses paysages volcaniques. La mer est belle, le ciel bleu et le vent sage. Il ne se passe rien : le rêve. L'eau turquoise recèle cependant un danger inattendu… Alors que je suis loin de toute terre, je vois, nageant autour de mes coques, des dizaines de longs serpents. S'ils n'ont rien à voir avec les légendaires serpents de mer, ce sont néanmoins des serpents marins dont la morsure fatale apporte la mort en deux heures. Ils mordent entre les doigts de la main ou entre les orteils, ils attaquent aux lobes des oreilles, bref tous les endroits un peu tendres. Je ne suis pas très rassuré par ce voisinage et j'ai raison de me méfier. La troisième nuit, je dors sur une de mes ailes au-dessus d'un flotteur lorsque je suis réveillé en sursaut par un froissement bizarre. J'allume ma lampe frontale et j'aperçois un serpent de 3 mètres se prélassant sur mon trampoline, dont la présence me fait froid dans le dos. Éclairé droit par ma lampe, il se laisse glisser à l'eau. Le vilain reptile m'a collé une sérieuse frayeur : je crains les serpents plus que les requins et les crocodiles réunis.

Les prémices de l'océan Indien, de Darwin à Bali, sont infestées de crocodiles de mer dignes des prédateurs de Jurassic Park. Ils peuvent atteindre 7 mètres et peser plus d'une tonne. Ennemis des surfeurs, ce sont des mangeurs d'hommes qui peuvent avaler un buffle. Pour être franc, je n'en ai pas vu un seul. En revanche, j'ai eu des visites de requins. J'ai vu leur présence menaçante autour du bateau le long de la Barrière de corail. Une dizaine d'ailerons dansaient parfois une ronde infernale autour de moi. Dans le détroit de Torrès, ils venaient frôler les flotteurs, tout près. Ils mesuraient bien dans les 6 mètres, aussi longs que les coques. Les grands blancs, les makos, peuvent atteindre 8 mètres et foncer à 90 kilomètres à l'heure ; avec le thon, ce sont les poissons les plus rapides de la création. Redoutables, certes, ces animaux ne sont pas ceux qui m'effraient le plus. Souvent on me demande :

« Si vous chavirez ou si vous tombez à l'eau en plein océan, avez-vous peur des requins pendant que vous tentez de redresser votre bateau ou de remonter à bord ? » Bonne question, et ma réponse est non ! Les hommes ont peur des requins et des loups depuis le fond des âges, mais, au risque de surprendre, je n'ai pas peur des requins. Rien d'héroïque dans cette réaction, je n'ai simplement pas le temps d'avoir peur tellement je suis occupé à remettre mon bateau à l'endroit ou à me sortir d'un danger mortel. Ceux qui déclenchent la peur chez moi, ce sont les baleines, les cachalots, les orques, je redoute toujours qu'ils renversent mon bateau ou le broient – émules de Moby Dick.

Je continue à filer doucement à 6 nœuds. Je n'ai jamais pris de repos authentique depuis que je suis parti voguer, mais là, pour la première fois, j'ai des loisirs sur une étape, ce qui me procure un grand sentiment de liberté. J'en profite pour pêcher, je n'en ai pas eu souvent l'occasion. Une petite bonite vient récompenser mes efforts. Elle améliore l'ordinaire, je la déguste crue, en lamelles, nature – je n'ai pas emporté de wasabi, car les sashimis ne sont généralement pas à l'ordre du jour, ma nourriture étant frugale. Je ne pêche pas plus que je peux consommer. J'utilise des petits leurres afin de ne pas attraper de gros poissons : ce serait du gâchis. Je reconnais que du poisson frais de temps en temps, c'est bon pour le moral et la santé. Par contre, les poissons volants peuvent bien déployer leurs escadrilles et même faire des loopings s'ils veulent, je n'y touche pas : ils ont été classés immangeables une fois pour toutes selon mes valeurs gastronomiques. Leur vengeance envers mon mépris s'est avérée redoutable. Du côté de Mellish Reef, j'ai été agressé par un spécimen de belle taille, trente bons centimètres. Je devais avancer à 30 kilomètres à l'heure et le poisson volant à la même vitesse, mais dans l'autre sens : 60 kilomètres à l'heure à l'impact. Je l'ai pris dans la tempe et j'ai été assommé sur le coup. La rencontre m'a laissé en souvenir un torticolis et une migraine sans nom, m'obligeant à rester allongé pendant neuf heures en me demandant si ma tête n'allait pas exploser. Une raison de plus de ne pas aimer les poissons volants, même si j'admire leurs vols et leurs silhouettes fuselées.

Le paysage maritime autour de moi est assez désertique : peu de cargos, pas de dauphins, pas d'oiseaux. Peu profondes – 25 mètres maximum –, les mers d'Arafura et de Timor sont peu poissonneuses, si bien qu'aucun bateau de pêche ne traîne à l'horizon. La mer est calme et vide, si l'on met de côté les serpents et les poissons volants. Mon petit catamaran trace sa route sans effort sous spi, je n'ai rien à faire. Cette parenthèse me convient parfaitement. Peu sollicité, mon bras blessé se remet rapidement : la cicatrisation est en bonne voie. La rencontre avec une plate-forme pétrolière brise un court moment la monotonie des journées – monotonie dont je ne me plains pas, car elle me repose.

Mon temps m'appartient tellement que je vais faire une chose incroyable et rare : je vais lire ! Trois conditions sont nécessaires si je veux lire : premièrement, que j'aie du temps, deuxièmement, que je sois sous pilote – je ne peux pas barrer d'une main et tenir un livre de l'autre –, troisièmement, que ça ne mouille pas – pas d'embruns, pas de vagues, pas de grains –, sinon le bouquin se transforme en éponge. Je bulle et c'est bon ! J'ai emporté quelques livres en partant des Sables-d'Olonne, mais je commence par un bouquin que m'a offert le commodore du Darwin Yacht-Club intitulé *500 Jours*. C'est le récit d'un Australien qui dans les années 1980 a mis trois ans à faire le tour du monde à la voile. Le piquant de l'histoire réside dans la taille du bateau : 3,60 mètres. Il était beaucoup plus petit que le mien, mais avait cependant l'avantage d'être habitable. Le navigateur pouvait s'enfermer hermétiquement à l'intérieur et se laisser rouler dans les vagues – un peu comme les canots à rames de Gérard d'Abboville ou de Maud Fontenoy sur leurs traversées de l'Atlantique et du Pacifique. Une fois l'alerte passée, il pouvait repointer le nez dehors. Dans mon cas, il est impossible de se mettre à l'abri. Je suis heureux de découvrir cet exploit – car c'en est un –, réalisé sur une coquille de noix en aluminium, au sextant, et suivant un trajet proche du mien. Je me sens une parenté avec ce précurseur.

Moi qui ne lis pas beaucoup faute de temps, j'en profite. J'attaque un deuxième livre. Je me replonge dans *Fortune de mer* d'Olivier de Kersauson, lu il y a vingt ans et réentamé au Panama. Je me délecte toujours autant de lire comment ce grand marin et ce grand communicant a démarré sa carrière : c'est une légende ! Continuant à occuper ma belle oisiveté, je me plonge ensuite dans la mésaventure terrible du pêcheur tahitien qui a dérivé cent dix-sept jours sur son bateau en panne de moteur jusqu'aux îles Cook, dans le Pacifique sud. Il est passé par toutes les affres du naufragé : la faim, la soif, le soleil, l'attente de la mort et l'espoir du salut. La lecture de ce calvaire m'a ému.

Entre deux lectures, je laisse errer mon esprit en me racontant des histoires comme j'aime, de mer et d'amour. Mon côté romantique ! Il me suffit de fermer les yeux. Je dois admettre l'évidence, je me sens heureux seul sur l'eau. Je me reproche cet égoïsme vis-à-vis de ma famille et de mes enfants, mais à terre la vie est dure, je dois me battre âprement pour réunir des budgets, trouver des sponsors, tout organiser, la préparation du bateau, l'avitaillement, la communication avec les médias, assailli par le stress qui me donne des rougeurs sur la peau. Après des jours difficiles j'apprécie cette trêve, je chante, je crie, je hurle, chevauchant le dos de la mer sur mes coques. Je suis heureux !

Bali approche. J'ai parcouru les 1 000 milles de distance depuis Darwin en sept jours. Après ce que j'ai dégusté dans le Pacifique, je me suis requinqué sur cette étape. La grande île se découpe à l'horizon. Le trafic des cargos s'intensifie : beaucoup de porte-containers remontant d'Afrique du Sud vers l'Indonésie. Je flotte encore sur mon petit nuage de vacancier des mers du Sud, lorsque soudain la mer change de couleur et devient marron. Les vagues secouent le bateau dans tous les sens, semblables à l'eau bouillonnante d'une marmite. Le phénomène n'a duré qu'une demi-heure et je ne saurai jamais ce qui s'est produit. Était-ce une éruption volcanique ? C'est possible... Philippe Monnet en a rencontré une qui a soulevé son monocoque pendant son record du tour du monde à l'envers en 2000. Dans le cas présent, je penche plutôt pour une remontée rapide des fonds marins. Les vagues créent des remous en venant se prendre les pieds dans le tapis. L'irruption sans préavis du passage inquiétant m'incite à la vigilance : rater l'atterrissage au terminus d'une traversée « pépère » serait ballot !

Pendant la dernière journée, je longe la côte sud-est et ses longues plages battues de grosses vagues, paradis des surfeurs du monde entier. L'urbanisation se présente ensuite, dense au sol, sans gratte-ciel. Des norias d'avions atterrissent et décollent, transportant des flots de touristes. L'accès au port suit une rivière encombrée de bateaux en tout genre et d'aventuriers du dimanche en vacances se livrant aux émotions du parachutisme ascensionnel. Comme les limitations n'existent pas, les bateaux à moteur foncent à toute vitesse. Je slalome comme un fou dans ce capharnaüm, angoissé à l'idée de heurter quelque chose. Fort heureusement, mon arrivée a lieu en plein jour.

Je jette l'ancre pile le 1er juillet à Denpasar, la capitale au sud de l'île province de l'Indonésie. Un couple de retraités français en croisière m'accueille. Je me retrouve posé au milieu d'une petite marina bâtie autour d'un vieux ponton branlant. Si le tourisme s'épanouit ici, la plaisance est peu développée. Des amis de mes parents, Martine et Alain, ont une maison à Bali ; je vais les rejoindre. Un changement d'équipage du bateau accompagnateur est prévu pendant l'escale ; le propriétaire Dominique et sa femme, à bord jusque-là, rentrent en France. Le relais est pris par les amis de mes parents ; Alain, 65 ans, est un skipper professionnel. Ce sont des gens que j'aime beaucoup, ils vont prendre soin d'*Idéo*. J'attends également un nouveau cameraman, Jean Capdevielle, qui arrive des Pyrénées. L'escale est celle des chambardements dans l'équipe.

Je vais adorer Bali qui devient pour moi l'île des rencontres. Je ne connais pas l'Asie et je suis avide de découvrir une nouvelle culture, une manière différente d'aborder la vie. Noyée dans l'Indonésie – le plus grand pays musulman au monde – et peuplée de 3 890 000 habitants, elle est à plus de 90 % hindouiste et en garde toutes les traditions. La vie s'écoule, douce et doucement. Les Balinais sont des gens pacifiques. N'ayant pas beaucoup de travaux à effectuer sur mon bateau qui n'a pas été à la peine pendant sa dernière traversée, je vais avoir le temps de nouer des contacts enrichissants et même des contacts étroits. Je travaille un peu et je sors beaucoup.

Je me contente de trois ou quatre heures de bricolage sur le bateau par jour. Ce n'est pas une punition, j'adore m'en occuper. D'abord j'essaie de régler cette déconvenue de grand-voile qui coince. Je ponce le rail du mât où se hisse la toile pour l'élargir, ne serait-ce que de quelques millimètres. Mes coques font l'objet d'améliorations mûrement ruminées ; rien de primordial, mais ce sont des éléments de confort rendant la vie à bord plus simple. Les flotteurs sont des volumes vides où je range du matériel et des provisions, mais ils ont malheureusement tendance dans les vagues à embarquer de l'eau, mouillant ce qui s'y trouve. J'installe des cloisons étanches intermédiaires, et pour voir mes stocks et contrôler ce qui se passe, je me paie le luxe de poser des cloisons transparentes. Avec mon gabarit de 100 kilos pour 1,82 mètre, j'ai du mal à entrer dans les flotteurs, encore plus pour y bricoler. Le salut vient d'un petit Balinais au menu format asiatique qui se propose de m'aider. Proposition acceptée avec enthousiasme ! C'est lui qui se glisse à l'intérieur des coques, mon dos et mes genoux lui en sont reconnaissants. La fin de l'après-midi signifie de même la fin du boulot. Tous les soirs, je sors : les tentations sont immenses, les bars, les restaurants, les night-clubs pullulent dans une débauche de lumières et de néons. Personne n'est agressif, tout le monde est calme, souriant et de bonne humeur. Et par-dessus tout ça, la vie n'est pas chère. Quand on vient de France, on a l'impression de rêver ou d'avoir atterri sur une autre planète. On mange très bien pour 3 euros, on dort dans un bon hôtel pour 10 euros, le personnel a le sens du service et personne ne fait la gueule. Les prix, les prestations sont sans arnaque, tout le monde est honnête. Aussi surprenant que cela puisse paraître, il n'y a pas de misère, pas de SDF, pas de chômeurs. Tout un chacun travaille, gagne de quoi se loger, se nourrir et se distraire. Les salaires ne sont pas élevés, mais la vie courante n'est pas chère. L'inflation et la spéculation n'existent pas, tout est au juste prix. Alors il n'est pas rare de trouver trois ou quatre passagers sur une Mobylette, ce n'est pour eux que de l'organisation. La non-violence chère aux hindous est reine, en contrepartie le moindre dérapage, le moindre vol est puni immédiatement dans la rue. Le délinquant est pris à partie par la foule et la justice peut être expéditive. La non-violence et la violence envers ceux qui ne la respectent pas engendrent une contradiction qui échappe à nos mentalités occidentales.

Mes soirées dans les bars m'amènent à rencontrer des femmes au charme engageant – des Françaises, des Balinaises –, et après ces jours et ces jours de solitude en mer, je me sens attiré, subjugué par le fluide d'un aimant irrésistible. Je noue des flirts, des amourettes. Je suis passé par tellement de dangers et de souffrances que je me sens renaître en me laissant tout simplement aller au plaisir d'être en vie, de parler et de rire en compagnie d'une douce présence féminine. Les belles histoires d'amour dont je rêve en mer sont peut-être là, à ma portée.

La vie simple et facile, sans artifice, la bienveillance du climat et des mœurs font de Bali un lieu privilégié sur terre, propice à la rêverie. Nombreux sont ceux qui ont rêvé éveillés et qui ont vu leurs songes se réaliser. La population vit du tourisme, et le paradoxe est que beaucoup d'Occidentaux venus comme touristes ne repartent pas. Les plus jeunes veulent profiter des plages et des hauts lieux du surf avec des vagues réputées. Les surfeurs arrivent de tous les coins de la planète et forment une communauté. Bali possède tous les avantages de la civilisation moderne plus le sable, le soleil et la mer à pas cher. Les surfeurs d'habitude ne sont pas riches, souvent même ce sont des marginaux. La communauté française est l'une des plus importantes, sinon la plus importante. Les années 1970 et 1980 ont vu débarquer des hippies qui se sont éclatés avec le surf. Mais comme il fallait bien vivre, bon nombre se sont lancés dans la création et la fabrication de bijoux, de vêtements, d'articles de sport et de tout ce qui fait appel au sens artistique. Et que croyez-vous qu'il advint ? Beaucoup ont fait fortune et sont devenus milliardaires. Et pas des milliardaires de pacotille. Babas cool de luxe ! Beaucoup de Français arrivent toujours, attirés par les promesses de réussite. Qui veut travailler à Bali peut réussir sans contrainte : il n'y a pas d'administration démotivante propre à vous rogner les ailes. L'eldorado a peut-être trouvé sa réincarnation. Les Français sont de plus en plus nombreux à se donner le mot, et la nouvelle vague, ce sont maintenant les retraités qui ne s'en sortent plus en France et retrouvent au soleil, dans le confort, un pouvoir d'achat qu'ils avaient perdu. Les Australiens non plus ne sont pas en reste. Les Balinais n'étant pas assez nombreux, ils sont heureux d'accueillir cette population nouvelle. Pour les tâches plus dures, ils font venir des Javanais d'à côté. L'aspect négatif de ce brassage de populations et de touristes est malheureusement une prostitution importante.

Pendant les dix jours passés à Bali, je fréquente assidûment les expatriés. Le 6 juillet, j'en invite un bon paquet à mon anniversaire, en remerciement de l'aide qu'ils m'ont apportée et pour le plaisir de se retrouver entre francophones ; nous faisons un excellent dîner au yacht-club de la Marina. Les jours passent vite en profitant des choses de la vie.

La seule fausse note de mon séjour balinais, je la dois à la douane locale. Jean Capdevielle, mon nouveau cadreur, devait arriver au milieu du séjour et m'apporter un safran tout neuf. Ne le voyant pas débarquer à notre point de rendez-vous, je vais le chercher à l'aéroport. Il est 1 heure du matin, il n'y a plus un chat. Je l'aperçois, il est en discussion depuis deux heures avec les gabelous qui veulent ouvrir le safran en deux pour voir ce qu'il y a dedans. Ils le soupçonnent d'être rempli de drogue ! Le scier, c'est évidemment le détruire. Je me sens mal, j'en ai besoin pour repartir. Nous entamons une interminable palabre, au cours de laquelle je leur explique le fonctionnement de mon défi, de A à Z, en leur montrant des vidéos. Nous perdons une bonne heure à plaider notre cause et à tenter d'épargner le coup de couperet fatal sur la tête du safran. Les douaniers me demandent soudain :

« Combien ça coûte ? »

Je n'en sais rien et réponds au hasard :

« Cinquante dollars. »

La modicité de la somme a dû achever de les convaincre, ils finissent par nous laisser aller avec le précieux safran intact. Je n'ai pas compris pourquoi ils en voulaient à cet appendice fin comme une lame alors qu'ils laissent passer sans sourciller les planches de surf qui pourraient représenter une cache plus volumineuse. Mystère des douanes, peut-être s'ennuyaient-ils ?

Esclave de mon planning, je repars – déjà nostalgique de Bali – le 11 juillet au matin, en même temps qu'*Idéo*, salué par un comité d'adieu sympathique. Beaucoup de monde est venu me voir partir ; on a beau dire, ça fait toujours plaisir. Le vent trop faible m'oblige à être remorqué jusqu'à la sortie de la rivière. Encore une île à contourner pour me dégager de la terre et je mets le cap sur les Maldives. Je ne pars pas pour la tournée du facteur, une longue route m'attend une fois encore. Je sais que je dois tenir trois semaines en mer et accomplir 2 800 milles – 5 500 kilomètres – afin d'atteindre ces îles enchanteresses mais lointaines, au ras de l'eau. Cette halte doit permettre de couper ma traversée de l'océan Indien sur mon trajet vers Djibouti.

L'étape indienne ne commence pas bien : le premier soir, ironie du sort, je casse mon beau safran tout neuf soustrait de haute lutte aux suspicions de la douane balinaise. Je réussis ce que je n'avais pas laissé faire aux douaniers. N'en parlons plus ! D'entrée, je ne dispose plus que d'un seul gouvernail, par conséquent la navigation se complique. Je progresse à 100 milles des côtes de Java au vent arrière. La mer se creuse. Les bateaux de pêche me causent d'énormes soucis. D'une taille respectable de 15 mètres, ils sont une armada dispersée sur la mer comme autant de chicanes. Ils traînent des barcasses qui s'éparpillent une fois arrivées sur les lieux de pêche. La nuit, elles ne sont pas éclairées, donc difficiles à repérer. J'ai failli cartonner souvent ; je passe parfois à 10 nœuds, flotteur levé au-dessus de la tête des pêcheurs dans leurs barques qui hallucinent en voyant passer une ombre et en sentant un courant d'air. J'ai bien croisé une centaine de ces bateaux. Je dois slalomer en permanence pour éviter les collisions dans une mer forte. Ce début en fanfare me cueille à froid et m'épuise. La suite n'est pas mieux…

Rapidement je me heurte à un premier passage de mousson. Je cravachais en permanence, m'efforçant de rattraper mon calendrier initial dans le but de l'éviter, mais je tombe en plein dedans. La solution est de piquer à l'ouest dans l'espoir de réduire la partie scabreuse à traverser. Un mur d'eau très sombre se dresse devant mes étraves. Je me lance dans la manœuvre dite « de la cuillère » – un classique des manuels de voile –, une manœuvre de contournement destinée à remonter vers le nord-ouest. Mais rien à faire : au septième jour, je me retrouve en plein dedans. Comme le ciel des Gaulois, le déluge me tombe sur la tête. Les nuits sont d'un noir complet, et le vent saute de rien à 40 nœuds. Je fais profil bas et prends trois ris. Quand le vent tombe, je me traîne ; des rafales terribles et imprévisibles m'incitent cependant à rester prudent. Ma stratégie est de demeurer au vent arrière ; je n'ai pas trop le choix, ma fuite m'emmène au nord. Un malheur n'arrivant jamais seul, ma combinaison étanche ne l'est plus : je suis trempé, sans possibilité de me changer, et je pèle de froid. Même sous voilure réduite, le vent me pousse en surrégime. Je dois à tout prix éviter que le bateau s'emballe et s'envole ; j'installe une ancre flottante qui calme le jeu et remplit son office.

Dans une accalmie, j'entreprends l'escalade du mât, une acrobatie risquée dont je me serais volontiers passé, seulement voilà, je n'ai pas le choix. Le hauban sous le vent – l'un des câbles en textile qui soutiennent le mât –

s'est rompu. Un dématage me laisserait désemparé en pleine tempête, et la situation deviendrait catastrophique. Ballotté comme un sac en tête de mât, à la merci d'une chute, je réussis je ne sais comment à réparer. L'urgence nous fait faire des choses insensées.

Un deuxième passage de mousson me tombe dessus et m'enferme. L'évidence s'impose, je ne peux plus faire route vers les Maldives : insister serait trop dangereux. Je suis prisonnier de la mousson qui m'entraîne vers le Sri Lanka. Je préviens mon bateau accompagnateur de mon déroutement et je poursuis ma nouvelle route vers mon destin. J'ai mis le cap sur le port de Galle, sur la côte sud-ouest.

La fatigue accumulée alourdit mes paupières ; je ne dors plus depuis des jours, piégé dans cette lessiveuse. Le manque de sommeil est le plus fort. Je décide de dormir juste quelques minutes et voilà comment je me retrouve sur les rochers de la côte sri-lankaise, mon petit catamaran explosé. Nous sommes le 31 juillet, jour funeste. Pendant que je ramasse les débris de *Ma Louloutte*, je sais que je ne vais pas en rester là. Je vais tout faire, remuer le ciel et la terre, pour terminer cette aventure – le sel de ma vie – et reprendre le fil de l'histoire à l'endroit où il s'est rompu. C'est un contrat que je mets sur ma tête !

15

C’est reparti ! Pirates au programme

Une promesse est une promesse, et celle-là est une affaire personnelle. Comme le général MacArthur vaincu par les Japonais au début de la guerre du Pacifique, je m’étais dit : « Je reviendrai. » Le 1er août 2014, en effet, j’avais moi aussi perdu une bataille en m’échouant brutalement au Sri Lanka, mon bateau se disloquant sur des rochers. Je m’étais juré de revenir et de reprendre mon défi où je l’avais laissé avec un nouveau catamaran de sport, frère jumeau de celui qui m’avait porté jusque-là.

Le 23 février 2015, je débarque donc à nouveau au Sri Lanka. Les six mois et des poussières qui ont précédé n’ont pas été une sinécure. J’ai parcouru des centaines de kilomètres et donné des dizaines de conférences pour lever les fonds nécessaires à la reconstruction d’un bateau *bis*. Le container transportant les éléments de *Ma Louloutte II* arrive dans deux jours ; la course contre la montre commence. Je dois partir avant la mousson – qui débute en avril – et arriver à Ouistreham avant l’été, à la fin juin ; c’est la condition de l’aide financière de la municipalité normande. La pression pèse sur mes épaules, mon bateau débarque en puzzle : il a été démonté pour le transport. Je dois l’assembler et remonter le matériel que j’ai pu sauver du démantèlement de

Ma Louloutte I, resté stocké dans un chantier naval du Sri Lanka. Je tends le dos ; au Sri Lanka les choses finissent par se faire, mais lentement, bien plus lentement que chez nous en Europe. L'opération « Louloutte II » commence plutôt bien : je craignais un cauchemar pour le dédouanement, mais il se déroule comme dans un rêve, en trois jours : un record ! Le chantier naval appartient à un Belge, Pierre Pringhiers, installé sur place depuis quarante ans. Il a fait fortune en exportant des pneus d'engins de chantier dans le monde entier, et aujourd'hui il se fait plaisir en développant le nautisme local. Son aide m'est précieuse, mais elle ne gomme pas tous les délais. Si je veux rester dans les temps, je n'ai pas le choix. Je fais donc venir des renforts de France : Élodie Verrier, Bruno Papin et Jacques Roudant. Ils procèdent à l'assemblage des ailes sur les coques. J'embauche en plus deux Sri-Lankais, Batu et Umestri. À cette petite équipe s'ajoute une amie, Sophie Le Maignan, en vacances là-bas par un heureux hasard. Elle assume la décoration des coques et des voiles, et mon œil est satisfait du résultat.

Notre petit chantier dans le chantier dure jusqu'au 4 mars. Nous travaillons dans des conditions difficiles, il fait très chaud et bien sûr, il n'y a pas de clim – faut pas rêver ! Les gens du pays nous considèrent comme une attraction et nous regardent comme des bêtes curieuses. Nous leur apparaissons en proie à un énervement insensé, mais nous mettons huit jours à faire ce qui leur aurait pris trois mois. Illustration de cette tendance, je me suis pris de bec avec un voilier local à qui j'avais demandé de refaire l'entoilage des ailes. Il les avait depuis six mois sans rien faire, et il traînait encore.

Je termine le montage sur la plage d'un tout petit patelin nommé Weligama, à côté de Galle, là où je m'étais échoué. Un gros coup de malchance s'abat sur nous : Nathalie, la photographe venue nous rejoindre, se fait écraser le pied sous le poids d'un safran qui dégringole. Hôpital, points de suture, bandage : adieu le programme photo… Le retard s'accumule… Dans l'idéal, je prévoyais de partir le 15 mars. Bien vite je comprends l'impossibilité de tenir ce rendez-vous. Plus je me rapproche d'avril, plus la météo risque d'être exécrable avec des vents à 60 nœuds et de la pluie battante. Les premiers essais sur l'eau posent des soucis : la bôme saute du mât et le rail de foc sur la poutre avant s'arrache. La mise au point prend une semaine. Sur mon carnet de bal, un retour éclair de trois jours en France est inscrit, du 17 au 20 mars. Pas moyen de couper à cette ultime tournée des médias. Je n'ai d'ailleurs pas envie de me défiler, car le faire savoir est aussi important que le savoir-faire. Sautant sur l'occasion de faire d'une pierre deux coups, j'en profite pour rapporter des pièces. Le retour est âpre, je dois discuter de leur entrée sur le territoire pendant une semaine avec les douanes et le transitaire. La situation ne se débloque qu'à coups de paperasses et de bakchichs. Un bateau qui arrive en pièces détachées par cargo et repart par la mer dépasse leur routine et ils n'aiment pas ça.

En dépit de ces vicissitudes, je parviens à prendre la mer le 22 mars de Galle, où mon aventure a bien failli s'interrompre. J'accuse sept jours de retard sur mon calendrier, mais j'exulte. Ce nouveau départ à la poursuite de la fin de mon tour du monde est une victoire. Je m'étais juré de revenir et de renouer les fils de mon aventure en solitaire, et c'est fait ! Le gladiateur qui un moment a mordu le sable retourne dans l'arène. Je repars chevaucher les océans et finir le boulot. Cap sur la France et une nouvelle page blanche où inscrire mon sillage : 7 000 milles à dérouler au compteur et au menu l'océan Indien, la mer Rouge, le canal de Suez, la

Méditerranée, Gibraltar, et enfin l'Atlantique jusqu'à Ouistreham. Rien d'une formalité ni d'une bagatelle. Les sept jours de perdus vont venir s'ajouter aux difficultés, je le sais, je le sens.

Le redépart, je l'espérais, je le voulais et je l'appréhendais, car je n'ai pas navigué en haute mer depuis six mois. Maintenant j'y suis. Si le bateau est une copie conforme du premier, ce n'est cependant pas son prédécesseur : il est neuf et j'ignore tout de sa fiabilité. La veille, en rejoignant Galle, j'étais entouré de bateaux de pêche mais aujourd'hui la mer est vide, je suis seul. Le temps est calme, la mousson est en embuscade. Je suis étonné de ne pas voir de pêcheurs… Leurs embarcations sont magnifiquement colorées mais vulnérables : elles ne disposent en général que d'un vieux moteur et, s'il tombe en panne, c'est la mort assurée – à moins qu'un vent miséricordieux ne les ramène à la côte. Les pêcheurs sri-lankais côtoient la mort tous les jours. Ils ne font pas de projets à long terme : quinze jours leur paraissent une éternité, et les risques, les tempêtes et les tsunamis font partie de leur quotidien. Dans quinze jours, ils seront peut-être morts. C'est d'ailleurs la manière de voir les choses des Sri-Lankais, marins ou terriens. Une civilisation à des années-lumière de nos certitudes occidentales.

La première nuit en mer me ramène à des préoccupations plus terre à terre. Je m'empêtre dans un filet et je suis contraint de plonger couteau à la main, pour tailler dans les mailles. La punition n'est pas trop grave, car l'eau est à 25 °C ; le supplice, c'est le sel qui colle et qui irrite. Je m'essuie scrupuleusement à défaut de pouvoir me rincer. Je ne dispose pas d'assez d'eau douce, impossible de gaspiller. Alors je me gratte.

J'affronte aussi le rail des cargos. Très vite, le nouveau pilote automatique sur lequel je fondais beaucoup d'espoir tombe en panne. Il a fonctionné trois heures.

Pourtant j'avais vu grand : je m'étais fendu d'un modèle plus performant et plus puissant que mes vieux pilotes. Le mieux est l'ennemi du bien, et ce fut ma bête noire jusqu'à l'arrivée. Bon, comme je viens de repartir et que je suis frais, je me mets à la barre sans rechigner. Avec le recul, j'ai constaté qu'un pilote fiable m'aurait permis de dormir six ou sept heures par jour, alors que je n'ai jamais pu dépasser quatre heures – par tranches, bien sûr. Ces désagréments n'entament nullement mon moral et je m'aperçois que je souris. C'est bien ça, j'ai la banane d'avoir enfin largué les amarres !

Je me voyais déjà me battre au milieu des affres de la mousson, au lieu de cela je me traîne dans du petit temps. J'ignorais même que je pouvais avancer avec si peu de vent. J'avance tout doucement à 2 ou 3 nœuds – la vitesse d'un homme qui marche sans se presser –, mais j'avance. Cette progression paresseuse s'avère précieuse en m'évitant de cuire sur pied. Elle permet de maintenir un petit courant d'air rafraîchissant m'aidant à tenir le coup sous une chaleur accablante. Je ne me suis jamais autant félicité d'avoir pris l'option de surtoiler mon petit catamaran contre l'avis du chœur des bons apôtres criant « casse-cou ». Avec un mât plus petit et moins de surface de voile, j'aurais fait du surplace et j'aurais cuit encore plus.

Comme je progresse au ralenti, j'ai le temps d'observer et de réfléchir. Je remarque que la mer est jonchée de déchets : des sacs plastique, des bouts de filets... Je les ramasse et les stocke dans mes coques. J'ai le temps. Et je gamberge. Les alentours des Maldives dont tout le monde vante la beauté sont catastrophiques : les déchets de plastique venant de l'Inde s'y accumulent, poussés par les courants. Les fonds sont préservés tandis que la surface est atteinte. Ce spectacle désolant me donne envie de concevoir un cargo récupérateur de déchets apte à écumer et récurer les mers en sillonnant des millions de kilomètres carrés. Je me persuade de la nécessité de construire des bateaux-poubelles, comme il existe des camions-poubelles affectés au ramassage des ordures ménagères. Une action concrète sur le terrain est de plus en plus urgente. Environ six mille conférences sur l'écologie sont recensées tous les ans dans le monde. Elles coûtent une fortune et ne produisent que de la mousse. Beaucoup de bruit pour rien, les actions réelles sont rares. L'écologie ne peut se résumer à des conférences succédant à des conférences. Moins de parlottes et plus de manches retroussées. Je réfléchis à un gros bateau de plus de 100 mètres de long capable de ratisser la surface des eaux, un bateau à construire vite, premier d'une série. Penser le bateau qui polluera moins dans quinze ans, c'est bien, construire le bateau qui s'attaque sans attendre à la pollution, c'est mieux. Quand on voit l'état des océans comme je l'ai vu, on tire la sonnette d'alarme ! Il faut intervenir sans attendre et impliquer les marins dans ce combat.

Je passe au milieu des Maldives dans la nuit du quatrième jour, traçant mon léger sillage au cœur d'une myriade d'îles. Le vent n'est qu'un filet de zéphyr poussant l'anémomètre à peine à 5 nœuds. Qui l'eût cru, l'océan Indien se prend pour un lac. Moins j'avance, plus il fait chaud. Et plus la chaleur augmente, plus l'eau diminue. Des 24 °C du Sri Lanka, j'arrive à 43 °C à Djibouti. Je me paye une nouvelle insolation – je ne les compte même plus –, rançon de mon voilier extrême, sans refuge contre la pluie ni contre le soleil. Cette insolation est la plus terrible de l'ensemble de mon tour du monde et me terrasse pendant tout le trajet des Maldives à Socotra – au large de la Somalie. Ma température stagne autour de 39-40 °C ; je suis vraiment mal. Je me fais l'effet d'un vampire : le jour m'écrase et me fait souffrir, et j'attends avec impatience que le soleil se couche, la nuit m'apportant un léger réconfort. Je gis en vrac complet allongé sur une des ailes surplombant les flotteurs ou roulé en boule au pied du mât à l'affût de la moindre tache d'ombre. Barrer est au-dessus de mes forces, mais par bonheur mes vieux pilotes remis à l'honneur fonctionnent sans faillir dans le petit temps. Ma vie est végétative ; mes heures se déroulent, amorphes. Le spectacle est à l'unisson : pas un bateau, pas un oiseau, pas un poisson ne se montre au cours de cette traversée. Je glisse dans un désert cotonneux.

Changement de décor entre Socotra et Aden. D'abord, bonne nouvelle, je me rétablis ; la fièvre baisse, et je reprends du poil de la bête. Ce que je découvre autour de moi est féerique ; ce serait dommage de manquer ça. Des milliers de cachalots, de raies, de requins, de tortues s'ébattent aussi loin que porte mon regard à 360 degrés. Je glisse à la surface d'un aquarium titanesque. Le moindre fil de pêche jeté à l'eau ramène un poisson en trente secondes. Je n'ai jamais rien vu de si captivant. La vie d'un seul coup réapparaît et me revigore. À ceux qui me disent : « Tu as dû avoir peur de tous ces requins ! », je réponds : « Non, pas du tout ! Je me suis senti réconforté de revoir des êtres vivants, après vingt jours d'étendue liquide plate et désertique. »

Je renais, mais en revanche un autre souci m'inquiète. Le manque d'eau se fait sentir… J'ai dû me limiter en poids suite à mon choix de ne plus disposer d'un bateau accompagnateur qui me rejoint aux escales. Limite ou pas, mon bateau est plus lourd, et je suis obligé d'embarquer plus de ravitaillement et de pièces de rechange, et je ne peux pas prendre plus de 50 litres d'eau. Dès le dixième jour de mer, ma consommation suivant la chaleur passe de 2 à 5 litres par jour. Un rapide calcul imparable révèle que ma réserve va s'épuiser en dix jours. Je sors mon dessalinisateur et je pompe, je pompe tel un néo-Shadock ! Bien vite, je m'aperçois que l'opération n'est pas rentable, car je bois la moitié de l'eau que je produis en pompant. J'y passe deux heures peu gratifiantes chaque jour, le meilleur restant à venir. Le « dessale » infernal se fait porter pâle : il tombe en panne à cinq jours de l'arrivée à Djibouti alors que je n'ai plus qu'un litre d'eau. Fatalitas ! Pas de panique, mais je me fais des chaleurs. Avec la température extérieure chauffée à blanc, je n'ai pas besoin de ça ! La peur de manquer d'eau donne des ailes à mes « dons » de bricoleur. Je réussis je ne sais trop comment à réparer une clavette qui s'est déplacée, bloquant la membrane. Ouf ! J'échappe à la torture de la soif et j'ai gagné le droit de recommencer à pomper. Au pire, j'avais envisagé de faire du bateau-stop pour demander de l'eau. Je suis soulagé de m'en passer : mon défi de naviguer en autonomie est intact.

Tant que le désert qui m'enveloppait jusqu'à la Corne de l'Afrique s'était repeuplé d'une faune marine multiple et bigarrée, tout était merveilleux, mais brutalement, à trois jours de Djibouti, des personnages dont je me serais bien passé entrent dans mon champ visuel. Deux bateaux se rapprochent, me coupant toute possibilité de repli vers Socotra. Impossible de fuir, ni même de gagner du temps : mes voiles pendent et claquent, faute de vent. Ce ne sont pas des bateaux de pêche, je commence à flipper. Il n'existe pas d'endroit où se réfugier à bord, mais je tente de me planquer où je peux : je m'allonge sous une de mes ailes sur un flotteur, vêtu de blanc sur blanc, camouflé dans l'obscurité de la nuit, laissant les voiles livrées à elles-mêmes. Mon petit catamaran ressemble ainsi à un esquif à la dérive. Je me sens impuissant : j'ai juste envoyé un message par satellite à mon équipe à terre. Je demeure complètement immobile ; mon cœur bat à 200 à l'heure. J'aperçois du coin de l'œil des hommes portant des treillis déchirés ; leurs bateaux sont armés de mitrailleuses. Puis tout à coup, ils se sont mis à s'engueuler très fort en arabe et à tourner autour de moi pendant dix minutes interminables, en braquant des projecteurs. Mon cœur est au bord de l'explosion. Soudain, le silence. Ils repartent sans que j'ose y croire. Peut-être ont-ils cru le petit multicoque abandonné, à la dérive, voiles flasques. Mon soulagement est extrême ; je reprends mon souffle. J'ai prévenu les militaires français de l'opération anti-piraterie Atalante, et ils m'assurent un suivi par téléphone satellite afin de finir le parcours. Je me suis mis en mode furtif en supprimant ma position d'Internet, car c'est ce que consultent les pirates. Seuls les militaires la reçoivent. J'avoue ne pas être tranquille : j'ai peur que ces gars reviennent. Leur aspect est vraiment redoutable : hirsutes, dépenaillés, armés jusqu'aux dents de vieilles Kalachnikov et autres matériels disparates au vécu tourmenté, ils ont l'air de vagabonds. Ils chassent, pillent et rançonnent pour le compte de seigneurs de la guerre, pour faire vivre leur village ou leur tribu. Quoi qu'il en soit, ils sont dangereux ; l'actualité nous en a suffisamment fourni d'exemples. Je savais que le risque existait, mais je pensais pouvoir passer à travers les mailles du filet grâce à ma pointe de vitesse et en jouant les discrets. De ce côté-là c'est raté, mais je n'ai toujours pas compris ni pourquoi ni comment je m'en suis aussi bien sorti, juste quitte pour une frayeur.

Je raconterai, bien sûr, le déroulement de cette mésaventure aux militaires de la base française de Djibouti où j'atterrirai à l'issue de cette longue traversée. Selon eux, mon salut a tenu à une superstition vivace chez ces pirates d'entre mer et désert. Ils n'attaquent pas la nuit par peur des djinns ; toutes les attaques ont lieu de jour. Les engueulades que j'ai entendues tournaient peut-être autour de cette crainte des génies malfaisants. Certains devaient vouloir monter à bord et d'autres tâchaient de les en empêcher afin de conjurer les maléfices. Je rends grâce à la nuit qui m'a doublement protégé. Du moins j'aime à le croire.

L'alerte fut chaude, mais je n'en ai pas tout à fait terminé pour autant. En passant en face d'Aden au large du Yémen, j'entends des bruits assourdissants. Je pense à des coups de canon sur l'eau. En fait, ce sont des bombardement à terre que je perçois clairement à 80 milles de la côte ; toute la journée, ce n'est qu'un roulement infernal continu. Une opération est en cours contre des organisations terroristes… Cette partie du monde est un volcan en éruption, inhospitalière au voyageur. L'antichambre de l'enfer lovée au sein d'eaux paradisiaques.

La dernière ligne droite dans le golfe d'Aden me paye de la somme de mes angoisses. Le vent revient à 20 nœuds, balayant mes sueurs froides, et je m'éclate enfin dans un final transformé en chevauchée fantastique, droit sur la route au portant. Le vent forcit encore en arrivant au matin à Djibouti, j'avale les derniers milles escorté par des vedettes militaires de la base française. L'accueil est fabuleux après une traversée de longue haleine débutée le 22 mars et terminée le 15 avril. Je suis heureux de retrouver des hommes et des femmes partageant la même langue, les mêmes goûts culinaires que moi. Je vais enfin pouvoir prendre un peu de repos avant d'attaquer un autre gros morceau de ce retour au bercail : la mer Rouge et le canal de Suez.

16

Les caprices de la mer Rouge et les galères du canal de Suez

La pause de quatre jours sur la base française de Djibouti est la bienvenue après plus de trois semaines de mer sur mon petit coursier, valeureux mais terriblement extrême et épuisant à piloter. Du 15 au 19 avril, je suis accueilli comme un petit roi par tous les militaires en poste – officiers et commandant en tête – dans ce territoire acheté par l'État français à la république de Djibouti. Je me retrouve dans un petit coin de France alors que je suis dans un de ces bouts du monde les plus dépaysants et les plus arides qui soient, au cœur d'une de ces zones en ébullition que les diplomates, les militaires et les médias appellent un « point chaud ». J'apprécie l'oasis que m'offre la base française pendant cette escale et l'aide que m'apportent ceux qui vivent là en accomplissant leur mission. Premier élan qui me touche, ils se mettent à vingt personnes pour sortir mon bateau de l'eau à bras d'homme et le poser sur le sable. Comme il s'agit d'une base logistique, tous les corps de métiers sont recensés, voués à la maintenance et à la réparation des navires de guerre croisant dans la région. Une aubaine pour moi. La France est le seul pays à disposer d'une telle infrastructure dans la Corne de l'Afrique secouée par les guérillas, les conflits armés et l'endémique fléau de la piraterie. Elle est devenue aussi la seule base de l'OTAN dans tout le Moyen-Orient. Des bâtiments étrangers – notamment américains – viennent pour s'y réapprovisionner et être réparés. Cette vocation logistique m'a facilité la vie.

Mon fameux pilote neuf tombé en panne d'entrée après mon nouveau départ a pu être réparé. J'ai tenté de remettre en fonction mon AIS, mon système de localisation et de positionnement, défaillant depuis les Maldives. Je pensais que le problème venait de l'antenne ou du câblage. Grosse déception : le mal est plus grave… Un technicien de la Marine m'apprend la bonne nouvelle : c'est l'appareil qui est défectueux. Les AIS ne courant pas les rues à Djibouti, je repartirai sans attendre un remplaçant. Dommage, je l'avais fait monter surtout en vue d'affronter le trafic des cargos de la mer Rouge et de la Méditerranée, je vais être contraint de m'en passer. Avec le recul, la trahison de l'AIS fut peut-être un mal pour un bien, car elle m'a obligé à redoubler de vigilance et à ne pas compter sur l'électronique. Disposer de toutes les commodités de la base est un bonheur.

Le climat pour sa part ne veut rien savoir : il est pénible, alignant des températures tournant autour de 43 °C. Le pire est atteint lorsque je travaille à l'intérieur des coques : j'étouffe, c'est une sensation horrible. Je plonge trois minutes, suffoque et ressors, puis j'y retourne trois minutes, continuant le manège autant que nécessaire, au bord de l'apoplexie. Les horaires de travail de la base s'étalent de 6 heures du matin à 13 heures, après il fait trop chaud pour s'activer.

L'équipe de tournage – composée de Marko et de Pierre Guyot – filmant mon aventure m'apporte quelques pièces de rechange en venant me rejoindre. Privilège suprême, elle obtient le droit de filmer la vie de la base, ce dont elle ne se prive pas, embarquée dans une visite passionnante. Franchement je vis une belle escale qui restera gravée dans mes souvenirs. La communauté française de Djibouti et l'ambassadeur de France sont à l'unisson. Ne sachant comment remercier tout le monde, j'improvise une conférence afin de partager mon histoire avec les bons et les mauvais moments. Ma modestie dût-elle en souffrir, j'avoue avoir rencontré un franc succès, non sans effet sur les adieux chaleureux reçus au moment de mon départ le 19 avril, accompagné vers le large par une trentaine de bateaux amis. Un départ en fanfare. L'accueil fraternel des militaires français m'a requinqué, compensant une traversée de l'océan Indien épuisante.

Le retour dans mon élément liquide s'annonce bien : un vent vigoureux me propulse pendant les premières heures, et je me prends à rêver que cela dure. Hélas, il ne faut pas rêver, cela ne dure pas ! Dès l'arrivée de la nuit, le vent tombe, et je me retrouve au point mort devant un sémaphore. L'ennui m'endort ; je sombre benoîtement dans le sommeil. Pas pour longtemps, malheureusement : je suis réveillé en sursaut. Je rêve encore ou un bateau vient de m'aborder brutalement ? Bon, une bonne chose déjà, ce ne sont pas des pirates mais des gardes-côtes djiboutiens basés au sémaphore. Ils m'ont repéré et sont venus voir qui je suis. Sur le moment, mal réveillé, ils m'ont fait peur. Je me retrouve face à des énergumènes qui me crient dessus et heurtent mon petit multicoque. Je ne comprends rien de ce qu'ils veulent, ils parlent mal l'anglais et pas du tout le français. Je finis par deviner qu'ils souhaitent que j'appelle le sémaphore par radio, va savoir pourquoi ! Pendant tout le temps de cet échange musclé, leur embarcation, une sorte de gros canot équipé de moteurs hors-bord, n'arrête pas de taper dans mes flotteurs comme si j'étais un cargo. La situation devient chaude, ils manquent d'arracher mon tangon à l'avant. Je crains le pire, mais la rencontre se solde uniquement par un peu de peinture écaillée, et mes coques en réchappent. J'obtempère, j'appelle le sémaphore comme demandé si gentiment, je m'identifie, je réponds aux questions et tout s'arrange. Satisfaits d'avoir fait respecter leur étiquette, les gardes-côtes s'en retournent drapés dans leur dignité rétablie, et moi je passe mon chemin, poussé par l'impatience d'entrer en mer Rouge voir si Henri de Monfreid me fait signe.

J'y arrive au petit matin. Les deux jours qui vont suivre sont exceptionnels. Le passage du Bab el-Mandeb est un spectacle magnifique : les falaises sont blanches et escarpées, la roche est lumineuse, c'est très beau ! Comble du bonheur, je bénéficie d'un vent au portant : des conditions de rêve comme je n'en avais plus vu depuis Bali. Mais le revers de la médaille m'assaille très vite… Le trafic des cargos est monstrueux entre les bords de ce goulet resserré. Décidé à me tirer de là, je me mets en marge du DST – le dispositif de séparation du trafic, autrement dit un rail comme à Ouessant. Je zigzague dans une eau turquoise en engrangeant les milles parcourus.

Au deuxième jour, je choisis de longer la côte érythréenne plutôt que celle du Yémen en guerre. Le paysage est très aride : falaises, petits plateaux, plages, tout est désert, pas de villages, pas d'habitations excepté quelques baraquements de pêcheurs. Ici le poisson abonde. Je pêche de petites bonites qui viennent améliorer l'ordinaire et apporter leur contingent de vitamines fraîches. Je navigue au cœur d'une sorte de paradis terrestre, si je peux utiliser cette métaphore pour des créatures marines. Il y a de tout : des baleines, des dauphins, des thons et une multitude d'espèces mystérieuses que je vois sauter, sans réussir à les identifier.

Quatre jours après le départ de Djibouti, je longe maintenant le Soudan. Le vent monte, monte et atteint 60 kilomètres à l'heure. Je tiens le coup, mais le bateau un peu moins : je commence à casser du matériel. Je décide de m'arrêter, mais où sur cette côte désespérément rectiligne et désertique ? Pas une baie, pas un abri. Je ne déniche qu'un trou minuscule où je découvre, une fois que je m'y suis aventuré, que je dois mouiller au ras des coraux. La manœuvre est périlleuse ; je ne dois pas me rater sinon je risque de m'écraser sur les récifs en dérivant. Une petite sueur froide me fait frissonner. Je sors mon ancre et je prépare minutieusement la manœuvre. J'arrive tout doucement, ayant pris deux ris dans la grand-voile. L'eau translucide est mon alliée : je vois mon ancre descendre au fond et s'accrocher sans coup férir. Ouf ! Me voilà garé. Pourtant je ne suis pas tranquille, car la carte du lieu ne correspond à rien. Ce sont des bandes de sable perpétuellement en mouvement. Enfin, ne boudons pas, l'endroit est sublime.

Le calme retrouvé dans ce refuge providentiel risque d'être éphémère : un village émerge au loin de la poussière, et j'aperçois quittant le rivage un petit canot déglingué qui vient en crachotant vers moi. Je ne suis pas tranquille, car, bien sûr, je n'ai pas de visa du Soudan – pourquoi en aurais-je ? C'est la violence du vent qui m'a jeté sur la côte. Un petit groupe m'accoste et la première chose que demande celui qui semble être le chef est un visa, ça ne manque pas. Le ton monte, la discussion est tendue. Je redoute le pire… J'ai peur d'être embarqué, mis en taule, en abandonnant le catamaran aux intempéries et aux risques de pillage. Ces perspectives moroses m'aiguillonnent et me rendent éloquent, même en me débrouillant dans une sorte de sabir d'anglais. Mes explications constituent la stricte vérité et la sincérité de mon ton doit les convaincre.

« Je suis venu m'abriter du mauvais temps, dis-je au chef. J'ai du matériel cassé et je commence à manquer d'eau. »

La phrase magique cependant, au milieu des palabres, est :

« Je n'ai pas l'intention de rester ni de descendre à terre. Dès que la situation s'améliore, je repars. »

Renversement de situation : le chef tout à coup m'invite à venir visiter le village avant de s'éloigner avec sa petite troupe. J'accepte l'invitation pour ne pas les vexer, mais au fond de moi-même je sais que je n'irai pas. La prudence me le commande. Pas question de prendre le risque de me retrouver à la merci de ces villageois dont j'ignore tout. Je suis encore dans la zone de piraterie.

Au petit matin, j'ai levé l'ancre en proie à un certain regret. J'ai adoré ce petit coin perdu de mouillage au milieu de nulle part, enchâssé dans le sable et les coraux sous un ciel étoilé.

Enfin lever l'ancre… plus facile à dire qu'à faire ! Mon petit catamaran est dépourvu de poutre à l'avant, il n'y a pas de davier. Je dois remonter le mouillage sur le côté. L'ancre pèse 15 kilos et la chaîne 7 ; l'inconvénient n'est pas tant le poids que la manœuvre qui me met travers au vent. Je passe les détails, en bref ce n'est pas simple.

Naviguer sur un plan d'eau étroit comme la mer Rouge présente une pointe de risque permanent, l'eau à courir est limitée. Et du Soudan au canal de Suez, les coups de vent succèdent aux coups de vent, montent *crescendo* – 10, 20, 30, 40 nœuds –, retombent sans transition à zéro puis repartent de plus belle, toujours dans l'axe de la mer Rouge depuis le nord, droit dans le nez. Pas de chance, le près c'est mon ennemi ! Dès

25 nœuds au près, mon bateau réagit pire qu'à 50 nœuds au portant. Dans mes calculs, j'avais prévu de ne faire que 10 % de près, en réalité j'en ai fait un bon quart de mon temps. De Djibouti à Torquay au sud de l'Angleterre, mon parcours retour s'est déroulé en majorité face au vent. « Si j'aurais su », comme dit Petit Gibus, j'aurais fait un bateau mieux adapté au près. Mais bon, je n'ai pas trop de regrets, il est supermarin dans les tempêtes sauf qu'il m'oblige à prendre des options, impossible de rester dans les demi-mesures. En continuant à remonter vers le nord, je préfère rester vers la côte soudanaise, car la navigation côtière est interdite le long de l'Arabie saoudite et oblige à se tenir à plus de 12 milles du rivage. L'ennui, c'est que le vent me repousse souvent au milieu des cargos ; j'en suis à mon troisième qui me passe au ras. Pourtant j'observe la procédure. L'appel radio, pas de réponse, tirs de fusées, *idem*, alors je prends la pagaie sans savoir de quel côté aller. Ne me déhalant qu'à 1,5 nœud à la pagaie, l'effort est un peu dérisoire, il est déjà trop tard donc finalement j'attends, le cœur à 200 à l'heure. J'attends que la muraille me frôle. Je craque, je disjoncte, je hurle dans la radio VHF, je l'injurie plus crûment que le capitaine Haddock, et ce n'est pas du « bachi-bouzouk » ni du « moule à gaufres » que je lui donne. Je déverse un flot d'injures comme s'il m'écoutait, mais il demeure sourd et indifférent, il s'en fout. Rien n'a bougé sur la passerelle, personne ne veille. Ma colère ne sert à rien, mais ça me soulage. Tout le trafic des cargos de l'Europe à l'Asie passe par Suez, c'est énorme ! Je serre du côté gauche où la navigation est légèrement plus calme. Une nouvelle tempête m'assaille en guise de bienvenue sur les côtes égyptiennes : 30, 40, 50 nœuds cette fois, du copieux ! Pas question de rester à en prendre plein la gueule : je repère Port Ghalib à 20 milles sur la carte,

une station balnéaire dédiée à la plongée et un port de plaisance créé de toutes pièces à l'intention des touristes. Parfait, juste ce qu'il me faut. Le hic est que le trajet pour y aller est vent debout ; je n'avance pas et casse du matériel. Un retour en arrière s'avérant impossible, je décide de me mettre à la cape[1]. Je fais le gros dos à l'arrêt en attendant que la furie passe sous trois ris. La mer fume, elle est blanche et moi je suis dans mes petits souliers. Je serre tout ce que je peux. La tempête finit par se calmer après des heures interminables. Puisque Port Ghalib m'a fait fantasmer au plus gros du coup de tabac, j'ai d'un seul coup envie de la connaître.

Bizarrement, les maisons et les quais ressemblent à Port-Grimaud. L'accueil est aimable ; les autorités me donnent un visa et les autorisations de naviguer nécessaires. Cet endroit d'apparence confortable me pousse à me lancer dans des réparations. J'ai des infiltrations dans les coques, les poutres de liaison doivent être démontées et le boulonnage refait en étanchéifiant le tout. Le câblage électrique doit également être repris ; fort heureusement j'ai du câble de rechange à bord, car il ne faut pas espérer trouver des pièces de rechange sur place. Un jeune Égyptien m'aide à bricoler en échange d'un bakchich à l'appréciation de mon bon cœur, c'est-à-dire qu'au départ il ne demande rien mais qu'à l'arrivée le coup de main amical n'est plus gratuit. Il faudra m'y faire, je viens d'entrer dans l'empire du bakchich où l'on n'a rien pour rien : le moindre service – ou même l'absence de service – se paye. Je profite de cet arrêt au stand pour regarnir mon garde-manger,

1. Se mettre à la cape consiste à réduire son allure (voire à s'arrêter) et à faire en sorte que le vent et les vagues arrivent par le travers avant du bateau, de façon à modérer le roulis.

consacrant quelques heures au ravitaillement puisque je dispose de magasins à portée de main.

Chemin faisant, je rencontre un couple de Hollandais en vacances. Le hasard faisant parfois bien les choses, je suis tombé sur des fans, férus de mon défi. Une rencontre improbable comme je les aime. Ils m'invitent à leur hôtel, et le mari me file lui aussi un coup de main – tout à fait gracieux celui-là – sur le bateau. Pendant ce temps, le vent a repris à 50 nœuds, très sec, et ça chahute jusque dans le port.

Au bout de deux jours, le vent s'est calmé d'un coup, et j'en profite pour repartir sans traîner. Les autorités du port me remorquent vers la mer contre une gratification raisonnable. Tout se discute, tout s'achète. Mon jeune aide local me tend la main, je lui donne ce qu'il gagne en une semaine en contrepartie de quelques heures de boulot tranquille, mais il se montre déçu et me fait comprendre que je me fiche de lui. L'ambiance est désagréable : les Occidentaux sont pris pour des vaches à lait. Et ce n'est qu'un début…

Remâchant ma déception, je rase la côte de très près, d'abord pour éviter un trafic de plus en plus démentiel et ensuite tout simplement parce qu'elle est très belle jusqu'à Charm el-Cheikh : les coraux peuplent une eau turquoise à la transparence de cristal. Le régime du vent est régulier dans son irrégularité, de 3 heures à 15 heures il est très présent, avec une pointe de zèle au lever du soleil où il donne l'impression d'être généré par une turbine. En milieu d'après-midi il retombe comme un soufflé. Je m'habitue. Continuant à jouer au rase-cailloux je dors à peine, même pas d'un œil jusqu'à Suez ; le trajet me prend trois jours. La mer Rouge, longue de 2 000 kilomètres et large de 350, se rétrécit encore dans la dernière partie où je pénètre, le golfe de Suez. J'attaque le tronçon le plus dur de mon défi et pourtant j'en ai vu des vertes et des pas mûres depuis des mois. Je m'aventure dans les mâchoires d'un goulet resserré, planté de centaines de plates-formes pétrolières, parsemé de hauts-fonds, jonché de cailloux et sillonné d'un trafic de cargos délirant. Les portes de l'enfer s'ouvrent devant moi. Mon choix se limite à Charybde et Scylla ! Je suis obligé de naviguer au plus près des cargos, jusqu'à les toucher, afin d'éviter les écueils : les récifs des deux côtes du goulet ne me laissent aucune marge. Je me fais de grosses frayeurs en virant de bord au nez des cailloux acérés, je me fais de grosses frayeurs en m'approchant des cargos qui me dominent comme des monstres antédiluviens. Je n'ai pas le droit à l'erreur : un seul ratage et je m'écrase sur un cargo ou un écueil. Je prends une dose maximale de stress, toujours sur le qui-vive.

La situation n'étant pas assez compliquée, une tempête de plus vient balayer le golfe ; la mer est à nouveau fumante et blanche d'écume. La mer Blanche lui conviendrait mieux que la mer Rouge. Je cherche un abri et je m'en dégotte un dans une zone truffée de cuves de pétrole. Je me retrouve au milieu d'une zone surveillée par des militaires, close de grillages de 4 mètres et de barbelés. À peine suis-je mouillé qu'un officier en treillis vient, du haut d'un quai, m'intimer l'ordre d'accoster sur un bout de ponton en ruine. Je lui réponds :

« Impossible, les vagues et le vent sont trop forts. Et puis je ne reste pas. »

Je le vois faire des bonds de Marsupilami sur son quai. Inconcevable pour lui que je n'obéisse pas.

« *You, go away or come ashore*[1] ! s'égosille-t-il. *You can't stay there*[2]. »

1. « Vous partez ou vous accostez ! »
2. « Vous ne pouvez pas rester là. »

Je n'en ai cure, dehors la tempête fait rage. Il est allé chercher du renfort auprès d'un supérieur, mais rien n'y fait : je m'accroche comme une moule sur son rocher. Je ne suis séparé d'eux que de quelques mètres d'eau, mais ils ne disposent pas d'une embarcation pour venir me chercher. Pendant quatre heures, ils ont hurlé et trépigné en m'invectivant. Je suis resté impassible, continuant à réparer ma bôme fissurée. De guerre lasse, ils ont fini par partir.

Je suis resté six heures en tout à manier le carbone et l'époxy. Même s'il fait chaud, il faut douze heures pour sécher la réparation. Je me dis que je ne dois pas trop tirer sur la corde, car cela risque de déboucher sur de gros ennuis. Ce n'est pas encore sec quand je remets les voiles ; j'ai fait bonne mesure avec l'épaisseur des couches, mais la bôme est encore légèrement molle. Finalement mon bricolage a tenu, je ne regrette pas d'avoir diaboliquement persisté, même si j'ai perturbé ces malheureux militaires égyptiens.

Je slalome dans une forêt de plates-formes pétrolières dont plus de la moitié est abandonnée une fois le puits épuisé sans être démantelée. La pollution environnementale s'ajoute à la pollution visuelle. Le dégazage des tankers vient encore noircir le tableau. D'énormes nappes de résidus de pétrole occupent le nord de la mer Rouge sur la route des pétroliers. La réglementation européenne interdisant le nettoyage des cuves en Atlantique et en Méditerranée – réglementation très contrôlée par avions et bâtiments militaires –, les pétroliers attendent d'arriver en mer Rouge pour dégazer. C'est une horreur ! Mes carènes devront être nettoyées je ne sais combien de fois. À chaque arrêt, à chaque étape, j'y vais de mon coup d'éponge et d'huile de coude – qui celle-là ne pollue pas !

Passant à travers les pièges de cette zone de la mer Rouge défigurée par le pétrole – mer qui est pourtant si belle ailleurs –, je finis par arriver à Suez le 7 mai. Je découvre une ville moche, sans âme, sans industries malgré les milliers de bateaux qui y transitent chaque année. Les 500 000 habitants – ce n'est pas rien – vivent de pas grand-chose, dans une ambiance léthargique. Pour donner une idée, j'ai cherché dans tout Suez un tour afin d'usiner une pièce. Je n'en ai trouvé qu'un seul, chez un vieux bonhomme.

Enfin… Je ne suis pas fâché d'être arrivé à ce point de mon parcours de retour. Je me rapproche. Maintenant le passage du mythique canal de Suez m'attend. Ou plutôt un véritable parcours du combattant dans les méandres de la bureaucratie égyptienne, mais ça, je ne le sais pas encore.

17

La Méditerranée et Gibraltar, sautes d'humeur

Voir Suez et revenir ! Tel est mon souhait le plus cher.

Le premier contact est rugueux : j'ai l'impression d'arriver comme un cheveu sur la soupe. « Que vient faire là ce pelé, ce galeux, parmi les riches et gros navires de commerce ? », semblent penser les militaires de faction à l'entrée du canal, qui me considèrent pleins de morgue. « Quoi ? Cet avorton prétend passer le canal ? Et par ses propres moyens ? On va voir ce qu'on va voir ! » Du haut de leurs petits galons dorés, ils me bondissent dessus et m'enjoignent de déguerpir.

« On ne passe pas le canal de Suez comme ça ! Il faut un agent. En attendant, dégagez ! Allez vous mettre dans un mouillage et attendez les consignes. »

Tout ce cinéma, je le flaire, sent la pompe à fric. Me doutant qu'il y aurait un loup, j'avais fait prévenir le consul de France sur place par Olivier Mayer, de mon équipe à terre. Son conseil est d'engager AGT, la principale société d'agents gérant les passages sur le canal. Mon attente dure des heures. Pendant ce temps un autre agent vient me voir, il se fait appeler le « prince de la mer Rouge ». Le monde est petit : trente ans plus tôt, il avait fait passer le voilier de mes parents pendant notre tour du monde.

« J'ai déjà traité avec AGT, lui dis-je sans tergiverser.

— Je crois que vous faites une erreur, me répond-il. Ils ne sont pas habitués aux bateaux de plaisance. Mais vous faites comme vous voulez… »

L'homme, en dépit de son allure de vieux forban et de son discours sans détour, m'inspire confiance, mais je ne vais pas revenir en arrière. Les représentants d'AGT finissent par arriver, et je tombe sur des types désagréables, je ne les sens pas. Ils m'affirment que j'ai besoin d'un moteur hors-bord pour conduire mon petit voilier jusqu'au yacht-club et ils me réclament 3 500 dollars de caution : une belle somme ! Mon intention est d'aller chercher cet argent en liquide dans une banque.

« Non, non, me disent-ils. Vous devez rester à bord. Vous n'avez pas le droit de descendre. Donnez-nous vos cartes de crédit. »

Une lumière rouge s'allume dans ma tête.

« Mais j'ai un visa et je suis déjà descendu à terre à Port Ghalib sans inconvénient.

— C'est la procédure, insistent-ils. Interdiction de quitter votre bateau. Et vous devez réunir 3 500 dollars. »

Ces gros malins espèrent me coincer et m'obliger à leur confier mes cartes de crédit. « Ben tiens, rêvez les gars ! » me dis-je. Et j'appelle Mathieu – le cameraman de la boîte de production qui me suit pour les besoins du film – qui vient d'arriver. Je lui explique le topo et je lui file mes cinq cartes ; il faut en effet vider tous mes comptes pour réunir la caution. Je ne connais pas Mathieu, je le découvre, mais d'emblée je lui fais confiance. Donc il repart avec mes cartes et mes codes. Sa chasse aux distributeurs tourne à la galère : il doit faire douze banques. Pendant qu'il court, je réfléchis. Je me dis : « L'histoire ne colle pas ! » Je me méfie de plus en plus, d'autant que le préposé d'AGT m'annonce que je récupérerai ma caution un mois après le passage. Je demande :

« Pourquoi pas tout de suite ? »

Et je l'entends me répondre :

« C'est la procédure, vous êtes le premier à vous plaindre. »

Je pète les plombs et je dis à Mathieu :

« Tu ne donnes rien, j'arrête tout. »

La fièvre monte sur le canal. Pas de bol, Mathieu a oublié son sac de matériel sur le bateau des agents d'AGT, furieux d'être écartés. Vous imaginez la scène… courageusement le cameraman négocie un dédit de 150 dollars permettant de récupérer son sac, dédit transformé certainement en bakchich. Débarrassé de ces profiteurs à mine patibulaire, je rappelle le prince de la mer Rouge, qui me confirme qu'ils n'ont pas le droit de réclamer une caution. Ma méfiance m'a évité de tomber dans un traquenard. Je n'ai cependant pas épuisé les ressources locales dans l'art de soutirer du pognon.

Le lendemain de cette passe d'armes, le prince débarque. Mêmes mimiques, même sens théâtral : c'est un sosie de Louis de Funès. Sa tirade n'est pas réjouissante.

« AGT a foutu le bordel, dit-il. Tu dois avoir un moteur hors-bord pour aller au yacht- club et tu ne peux pas descendre. Ils ont affirmé que tu es en situation irrégulière. »

Fermez le ban ! Mon idée est d'acheter un moteur de 15 chevaux, mais il n'y a pas de moteur à vendre. Plan B : j'en loue un de 25 chevaux, ne trouvant rien d'autre dans toute la ville. Un kilomètre seulement me sépare du fameux yacht-club de toutes mes convoitises. Je suis persuadé d'y arriver les doigts dans le nez.

Lorsque je suis prêt à partir, lançant un tonitruant « On y va ! » d'un ton décidé, les autorités rétorquent :

« Holà ! Pas question ! Un officier doit d'abord venir à bord vérifier si le moteur fonctionne bien. »

Un lieutenant embarque à la va-vite et me lance :

« On va faire un tour. »

Évidemment, le moteur tombe en panne. Nous dérivons, et un bateau-pilote me ramène au point de départ. Je suis recalé. Retour à la case départ. Le moteur, je le constate, fonctionne bien si les gaz sont à fond. Nous repartons, l'agent veut piloter ; moteur à fond, il braque comme un bourrin. Le gag continue : le moteur échappe à sa chaise de fixation et coule. Quand ça veut pas, ça veut pas ! Heureusement, vieille habitude de marin, j'ai assujetti le moteur avec un bout de corde qui l'empêche d'aller au fond. Mais quoi qu'il en soit, il a bel et bien fait un séjour dans l'eau de mer. Une fois de plus nous dérivons au milieu du canal au risque de prendre nos habitudes. Un canot du yacht-club vient nous récupérer et nous remorque jusqu'au ponton dudit yacht-club. Voilà, j'y suis enfin après des heures et des heures de perdues et une location qui m'a coûté une blinde, sans compter les bakchichs. Tout ce déploiement et ce gaspillage pour parcourir un kilomètre. On aurait pu commencer par là. Seulement le règlement c'est le règlement, et il stipule qu'un moteur est obligatoire ; le droit de se faire remorquer intervient uniquement en cas de panne, ce qui fut le cas finalement.

Cette première marche vers la traversée du canal n'est qu'un début ; le yacht-club de Suez si durement conquis ne représente que le point de départ. L'atmosphère y est carrément hostile : je ne suis pas assez riche, mon navire n'est pas assez gros, je n'y suis que pour accomplir les formalités de passage. Je rends tel quel et sans remords le moteur qui a barboté dans l'eau salée. Le loueur a essayé de m'arnaquer en me louant cher un moteur à bout de souffle. La réglementation du canal demeurant la même, je dois trouver un autre moteur afin de me lancer dans la grande traversée jusqu'à Port-Saïd. Je retombe sur le même loueur : logique, il est le seul. Au bout d'interminables pourparlers, le patron me propose d'aller chercher au Caire un moteur de 15 chevaux comme je le souhaite, je l'aurai le lendemain. Prix de vente 900 euros, à prendre ou à laisser. Je n'ai pas le choix et, bien que trop cher pour mon budget, je le prends.

Je profite de cet intermède pour faire réparer mon trampoline qui s'effiloche et se déchire. Je le confie aux bons soins d'une couturière habituée à réparer les vêtements. J'espère que le ravaudage tiendra, à défaut d'un voilier professionnel, inexistant dans le coin. Le plus compliqué est de trouver un tour. En effet, la veille de l'arrivée à Suez, j'ai cassé le vit-de-mulet – la pièce qui fixe la bôme au mât. Ma grand-voile ne peut plus s'aplatir, elle reste creuse – configuration gênante, surtout au près du vent. Des heures durant, j'erre à la recherche de cet oiseau rare, avant d'en dénicher un au fond d'une impasse, chez un papy aussi vieux que sa machine. Grâce à un morceau d'Inox fourni par un yacht italien de passage – exemple de la solidarité des marins –, le vieux se débrouille pour m'usiner un vit-de-mulet costaud d'après la pièce brisée donnée en modèle. Du bon boulot, pas très précis mais efficace. Je suis content de lui, comme disait l'homme impétueux au célèbre chapeau venu contempler les pyramides et leurs quarante siècles. Je n'irai pas jusqu'à lui tirer l'oreille, comme le faisait Napoléon à ses grognards : quelques billets font l'affaire.

Le lendemain, le moteur arrive. L'arnaque continue : il n'a pas un an comme annoncé, mais accuse quinze ans d'âge, et son millésime ne l'a pas bonifié. Attention aux explications de l'artiste, qui atteignent les sommets du grand art.

« Je n'ai pas dit qu'il avait un an, se défend le loueur. J'ai dit qu'il n'avait servi qu'un an. »

Bref, il se fout de ma gueule. Aller au Caire en acheter un autre me tente, mais je songe au fait que je vais perdre huit heures aller et retour. Négocier semble plus sage… J'obtiens un rabais de 100 euros. Je prends le risque de l'acheter bien que ma confiance dans l'engin soit limitée.

Le sketch continue : les autorités du canal viennent essayer le moteur, qui tombe en panne au bout de 200 mètres. Puis vient un deuxième moteur qui ne marche pas non plus, et la coupe déborde à gros bouillons. Rebakchich aux gus du canal et, pendant ce temps-là, le marchand de moteurs se tord de rire. J'avoue lui avoir un peu vivement remonté les bretelles. Sa chique rentrée dans le gosier, il plonge les mains dans le cambouis, bricole deux ou trois trucs, et là, miracle ! Le moteur tourne.

« Attention, me prévient l'agent mi-figue mi-raisin. Si tu tombes en panne au milieu du canal, le coût d'un remorquage est de 1 000 euros par 100 mètres. »

La remarque me calme. L'arnaque blues continue : un autre agent du canal très serviable me propose de s'occuper du ravitaillement en essence. Au détail près qu'il essaye de me persuader qu'il a acheté des bidons de 30 litres alors qu'ils n'en contiennent que 20. À croire que gruger les étrangers est un sport national !

Au moment où tout est prêt pour partir, un coup de vent nous tombe dessus. Le contrat précise que je dois fournir un abri, des toilettes, à manger et à boire au pilote. Mon petit catamaran de sport n'est pas un cargo, sa philosophie spartiate ne permet pas un tel confort. Inutile d'en rajouter, dans l'idée de mieux faire passer la pilule auprès du pilote, je décide d'attendre une accalmie. Les lendemains succèdent aux lendemains, ma vie depuis l'arrivée à l'entrée du canal semble faite de lendemains.

En début de matinée, le lendemain du lendemain – je finis par m'y perdre –, nous nous élançons pour de bon. Mathieu le cameraman est à bord, et le pilote me réclame 50 euros au lieu des 20 convenus. Sa patience – il a perdu une journée – et sa gentillesse m'inclinent à accepter. Un bon point supplémentaire pour lui : il n'a pas cherché la petite bête.

Au début tout va bien. « *So far, so good* », disent nos amis britanniques – dicton en général agrémenté d'un dessin montrant un homme qui tombe du cinquantième étage et passe devant le vingt-cinquième en disant : « Jusque-là, tout va bien ! » Les rugissements du moteur s'étranglent au fur et à mesure de la journée. Il faiblit sérieusement au fil des heures… Après un départ à 6 nœuds, la vitesse tombe, 5 nœuds, puis 4, puis 3… Les borborygmes deviennent inquiétants. Le vent étant remonté avec le soleil, ce sont des vents solaires provoqués par la différence de température entre l'air et la terre. Le moteur émettant des ratés n'étale plus. Nous sommes arrivés cependant à l'entrée du lac intermédiaire permettant le croisement des cargos ; nous avons réussi à aller jusque-là. Le pilote me dit :

« Tu peux mettre la voile, si tu veux. »

Je ne me le fais pas dire deux fois. La longueur du lac n'est que de 10 kilomètres, avant d'atteindre la dernière partie du canal, mais c'est toujours ça de pris. La vision est magique, l'étendue d'eau donne l'impression d'être posée au milieu du désert. Une vision d'un autre monde. Un petit moment de sérénité ne fait pas de mal, mais le plaisir ne dure pas longtemps. En débouchant du lac, le vent est grimpé à 25 nœuds ; rien de monstrueux, mais le moteur n'en peut plus. Le bateau se traîne à 1,5 nœud et part en crabe. Fort heureusement, l'organisation de la circulation ne permet pas aux navires montants et descendants de se croiser – un peu comme sur les chantiers d'autoroutes chez nous où un feu rouge régule la circulation des voitures sur une file. Depuis l'inauguration en grande pompe, et en présence du chef de l'État français, du supercanal de Suez le 26 août 2015, le trafic est ininterrompu dans les deux sens. Nous sommes en mai, et, à défaut de cargos, je crains d'aller m'écraser avec *Ma Louloutte II* sur les digues bordant les rives. Je suis loin aussi des 6 nœuds obligatoires autorisant le franchissement du canal. Je n'avance plus… La nuit tombe, et il est interdit de naviguer de nuit. Le pilote ne s'en émeut pas, il reste zen, même quand pendant une heure nous faisons du surplace. Le vent s'apaise avec la nuit, scénario connu… À 20 heures nous avons atteint la moitié du canal « historique », celui inauguré le 17 novembre 1860 par Ferdinand de Lesseps, long de 193 kilomètres, large de 280 à 345 mètres et profond de 22 mètres. Un froid intense descend sur nous, un froid pénétrant : jamais je n'ai eu aussi froid de tout mon tour du monde. L'influence du désert, certainement ! C'est un supplice, et je n'ai pas envie de cailler toute la nuit de cette manière. Tout mais pas ça. Je demande au pilote de m'arrêter : nous sommes à Ismaïlia, et je veux aller dormir à l'hôtel. Vœu pieux, je n'ai pas le droit de sortir de l'enceinte du canal, je l'ai oublié. Je me retrouve à dormir dans le port d'Ismaïlia sur le trampoline de mon petit catamaran, recroquevillé et grelottant.

Un homme me secoue et me réveille ; je regarde ma montre, il est 4 heures. « Qui êtes-vous ? » est la première question qui traverse mon esprit embrumé. Je me demande ce que veut cet inconnu.

« *I am the pilot*[1] *!* » répond-il.

1. « Je suis le pilote ! »

Et l'autre, alors, qu'est-il devenu ? Sans rien dire, il s'est esquivé. Un remplaçant a pris sa place, tout semble être en ordre, cependant j'aurais aimé être prévenu. Je questionne le nouveau venu, mais, à chaque question, la même réponse :

« *I am the pilot.* »

Le disque n'est pas varié. Sans transition, il me fait comprendre qu'il faut me mettre en route. J'objecte qu'il fait nuit et que c'est interdit, il me répond :

« *I am the pilot.* »

Bon, s'il le dit ! Je me décide, on y va. Nouveau pilote, pas de vent dans les dernières heures de la nuit, je me sens optimiste. Je pense : « Ça va le faire, le moteur va tenir le coup, même en ratatouillant. »

Au lever du jour, nous croisons beaucoup de cargos, puis le trafic stoppe, alternance oblige. Le moteur choisit ce moment pour caler. Pire : en tentant de le relancer, la poignée me reste dans les mains. L'alternative est mince, le salut provisoire me vient d'une des stations de pilotes jalonnant le chenal. Elle me dépêche une pilotine qui me conduit à la station la plus proche. Le pilote est grognon, il veut appeler un remorqueur. Halte-là ! La plaisanterie va me coûter 4 000 euros !

« Pas question, je n'ai pas d'argent, je vais le réparer moi-même. »

Je m'avance beaucoup... Je sais bricoler, sans être mécano, mais je risque d'être un peu court. Le pilote me regarde par en dessous avec agressivité et surtout avec l'air de ne pas y croire.

« O.K., me lance-t-il, je te donne trente minutes ! »

Pas de temps à perdre ! Je démonte le lanceur. Le cauchemar : le ressort jaillit comme un diable de sa boîte, se déroule complètement et se met en vrac. Ce n'est pas gagné. Je rembobine le ressort à mains nues, m'entamant le bout des doigts. Des pièces ont volé partout, et je me retrouve avec plus de pièces à la fin qu'au début. C'est mal barré ! J'ai déjà bouffé un quart d'heure. Le compte à rebours trotte dans ma tête. Je démonte et nettoie le carburateur. L'autre trépigne :

« C'est l'heure », répète-t-il.

Je rabiote cinq minutes. En trente-cinq minutes, tout est remonté : je ne m'en croyais pas capable. La minute de vérité, c'est maintenant ! Je me dis : « Il faut que ça démarre ou c'est mort. » À peine lancé, le moteur part au quart de tour ; il tourne comme une horloge. Jamais il n'avait fonctionné correctement jusqu'à présent. Je n'en reviens pas, j'ai démonté, réparé, remonté un moteur hors-bord en une demi-heure, et ça marche ! Si je dois me reconvertir, je pourrai ouvrir un garage. Un qui est bluffé, c'est le pilote : il me regarde différemment.

L'ordre régnant à présent sur la mécanique, nous repartons : assez traîné ! Le moteur tourne impeccablement et nous progressons sans faillir aux 6 ou 7 nœuds requis. La sortie approche, et le pilote se montre de plus en plus pénible. Il me réclame une avalanche de bakchichs, des sous pour l'arrêt, pour le rameutage de la pilotine ou pour avoir pris parfois la barre. Les exigences tournent au harcèlement. Il me saoule et réclame toujours plus. À tel point qu'à un moment, je m'arrête et hurle :

« On arrête tout, tu descends ! »

Cette gueulante a le don de le calmer, même s'il continue à ruminer et fulminer en son for intérieur. Dès la fin du canal, il débarque en maugréant et me plante sans un mot.

Le canal de Suez est derrière moi : c'est fait, et je ne le regretterai pas. Le passage aurait pu se vivre comme une belle expérience et un beau moment, mais malheureusement, il a été gâché par une ambiance de cupidité à tous les étages. Le trajet n'est pas tout à fait terminé, je dois encore sortir du port de Port-Saïd avant de tirer l'échelle. Il reste 3 milles à parcourir, je suis sans pilote et les cargos n'ont jamais été aussi nombreux. Le moteur ronronne régulièrement, sauf que le vent forcit et m'arrive de face. Les pistons peinent malgré leur vaillance retrouvée. Je décide d'établir le foc afin de le soulager. Les autorités me repèrent sans tarder.

« *Forbidden, no sail*[1] *!* »

Les engueulades me pleuvent dessus, mais je fais l'autruche, restant calé dans le chenal. Le dernier bout du parcours me semble interminable, les 3 milles me prennent trois heures. Je suis assailli par l'angoisse de voir mon moteur me lâcher et d'aller me crasher sur les digues ou sur la coque d'un de ces monstres de ferraille. Je rends grâce à tous les dieux d'échapper à ce guêpier. Mon hors-bord s'est racheté, il a tenu le coup et, sans lui, je ne serais jamais sorti du port.

Enfin, la Méditerranée ! Il m'a fallu quatre jours pour franchir ce sacré canal de Suez. Je me fiche pas mal des formalités de sortie d'Égypte : je fonce, toujours au moteur, et attends d'être loin sur la Grande Bleue pour m'arrêter. La terre n'est plus qu'une mince bande à l'arrière-plan dans mon sillage. Tranquillement, je hisse les voiles et je respire. Il me reste une formalité à accomplir : me débarrasser du moteur et de la nourrice contenant encore 50 litres d'essence. Hors de question de continuer avec ce surpoids important. Je cherche un pêcheur à qui l'offrir, et ce n'est pas si simple. Je repère un pêcheur sous voile que je prends en chasse, me donnant l'illusion de revenir au temps des corsaires. En m'alignant bord à bord avec sa barque, je lance :

« J'ai un moteur pour vous ! »

---

1. « Pas de voile, interdit ! »

Effaré, il me réplique :

« *No money, no money.* »

Il croit que je veux le lui vendre ! J'essaie de lui faire comprendre qu'il s'agit d'un cadeau :

« *Gift, present.* »

Ahuri, des doutes plein la tête, il finit par accepter. Je lui transfère l'ensemble avec une corde. Il n'en croit pas ses yeux ni sa bonne fortune. Le moteur et l'essence doivent représenter quatre à cinq mois de son salaire. Ce jour-là, Allah était avec lui.

18

Retour dans le jardin de l'Atlantique, arrivée à Ouistreham en vue

La mer Rouge, l'Égypte, le canal de Suez sont dans mon rétroviseur. Je peux cocher la case « Ça c'est fait ! ». Nous sommes le 14 mai de l'an de grâce 2015. Mon prochain objectif est Gibraltar : les Colonnes d'Hercule de l'Antiquité, le détroit entre l'Afrique et l'Europe, trait d'union de la Méditerranée et de l'Atlantique. Sur une carte la direction est plein ouest, mais, servitudes de la navigation à voile, je vogue plein nord vers la Turquie. Selon mes informations météo, le vent est plus favorable sur cette route. Malheureusement, il me souffle dans le nez, et mon bateau n'aime pas ça. Je me retrouve dans une brise de 20 nœuds à planter des pieux – c'est-à-dire à taper de l'étrave de mes flotteurs dans les vagues en oscillant rudement de haut en bas dans les résonances de carbone et les éclaboussures d'embruns. La mer Rouge m'avait saturé de cette allure fatigante pour l'homme et le matériel, et voilà que ça recommence. La Méditerranée pourrait faire un effort ! Au lieu de faire preuve de bonne volonté, elle se met en service minimal.

Trois jours après avoir quitté Port-Saïd, le vent tombe. Plus le moindre filet d'air, *nada*, rien. À l'arrêt, ballotté par les ondulations de l'eau, je me prends un énorme coup de blues. J'ignore ce qui se passe en moi : je n'ai jamais rien ressenti de tel depuis que je me suis lancé dans ce tour du monde. Je suis au trente-sixième dessous. J'accuse la météo pourrie qui me poursuit depuis le Sri Lanka. Avec le recul, j'analyse ma réaction différemment. Cette déprime, j'en suis maintenant persuadé, trouve son origine dans l'étape égyptienne, la plus dure, sans contestation, de l'intégralité de mon périple. Je m'y suis trouvé en permanence sous le feu roulant de gens désagréables, ne pensant qu'à vous soutirer de l'argent, à vous gruger, à vous réclamer des bakchichs d'une manière agressive. Un harcèlement usant ! Je n'ai pas fait une seule belle rencontre avec un Égyptien à l'inverse des étapes précédentes où je me suis fait de nombreux amis. Pas un pour racheter les autres, pas une éclaircie : l'Égypte est la plus mauvaise expérience de mon défi autour de la planète. Le constat peut paraître sévère, mais il est le reflet de mon ressenti. J'en suis ressorti stressé et épuisé, tant physiquement que moralement. J'accuse le contrecoup.

Éole se décide à revenir progressivement, et j'infléchis ma route vers la Crête. De pas assez à trop, les bourrasques grimpent maintenant à 50 nœuds. L'idée de faire une escale me traverse l'esprit : idée rejetée. Je dois avancer. Assez de temps perdu, je veux rentrer à la maison. La nuit est atroce, je manque de chavirer plusieurs fois sur le côté. Pour tout arranger, la nuit est noire, sans lune. L'autre raison de ne pas m'arrêter est que, bien que malmené, je ne veux pas casser le rythme de ma vie en mer, même si c'est une vie de chien. J'ai le sentiment que si je m'arrête, j'aurai du mal à repartir. Ce serait trop bête de jeter l'éponge après ce que j'ai enduré, alors que l'arrivée est à portée de main. Le vague à l'âme ne me vaut rien, je dois me ressaisir. Je ne vais pas craquer si près du but. Les drosses de mes pilotes automatiques cassent, venant ajouter leur petite pierre à mon amoncellement de ras-le-bol. Je suis dans une passe difficile. Le fait de devoir me battre me sauve certainement la mise. Seul à bord, je dois réparer et barrer en même temps. Je répare avec mes mains et barre avec mes pieds directement posés sur les safrans au milieu de la tempête. D'où probablement l'origine de l'expression « barrer comme un pied ». Testée et approuvée !

J'ai quitté Port-Saïd depuis huit jours et je n'ai pas parcouru beaucoup de chemin dans la bonne direction. Je préfère accomplir un détour en suivant la côte crétoise plutôt que de passer devant la côte libyenne. Chahuté par les vents contraires et les mauvais traitements d'une Méditerranée capricieuse, mon trampoline se déchire une fois de plus et ma grand-voile s'arrache du mât, avaries provoquées par l'usure. Une escale à Malte n'est pas prévue sur ma feuille de route, mais, d'un autre côté, continuer sur Gibraltar dans l'état où se trouve mon bateau est insensé. À Malte, je sais qu'il existe des chantiers et des voileries compétents et efficaces. Je m'y dirige le cœur léger.

L'escale à La Valette, la capitale, me replonge dans un monde civilisé offrant des services qui fonctionnent avec le sourire, des gens de bonne volonté qui songent à vous aider au lieu de vouloir vous extorquer de l'argent à tout prix. Au chapitre des bonnes rencontres, je fais la connaissance dans le port d'un couple d'Ukrainiens. Le mari et la femme vivent sur un immense voilier, servis par un équipage ; ils font du business à Malte. Le plus grand luxe règne à bord et ils vivent quasiment en autarcie. Invité à prendre un petit déjeuner chez eux, je constate qu'ils font venir tous les produits d'Ukraine par avion. Échange de bons procédés, je les emmène voir mon bateau, et ils manquent de tomber à la renverse. Eux qui ne conçoivent pas la vie en mer sans confort sont fascinés par le parti pris sauvage et rudimentaire de mon fidèle coursier. Le récit succinct de mon entreprise d'apparence folle les subjugue. Nos conceptions de la mer sont diamétralement opposées, mais j'avoue passer un agréable moment en leur compagnie. J'aime les escales permettant de faire des rencontres, elles constituent le sel des voyages.

Pendant que mon trampoline et ma grand-voile sont en réparation, je reçois la visite d'un journaliste allemand du magazine *Yacht* venu spécialement me voir. C'est une bonne surprise, d'autant qu'il se montre sympathique. Je verrai plus tard qu'il a écrit seize pages sur moi et mon défi : jamais je n'en ai eu autant.

Je reste en tout et pour tout deux jours et demi à Malte. J'y suis déjà venu deux fois par avion. Je prends le temps de déambuler dans La Valette. L'histoire des chevaliers de Malte est passionnante. Rempart de l'Occident face aux barbaresques, la forteresse est formidable, et l'architecture de la ville, évoluant entre l'Occident et l'Orient, dégage un parfum envoûtant. J'adore parcourir les petites rues animées au charme indéfinissable. Cinq cent mille personnes vivent et s'agitent sur ce morceau de caillou, c'est très remuant. Une tempête a le bon goût de sévir pendant que le bateau est en réparation. Je passe à travers les gouttes. Cet intermède me remet d'aplomb. Les mauvais souvenirs d'Égypte s'estompent.

Je reprends la mer le 29 mai, poussé par un délicat zéphyr. Je longe la Sicile au ralenti en slalomant une fois de plus entre les cargos. Je suis une route très fréquentée. À la pointe nord-ouest de la Sicile, le vent adonne à 25 nœuds de travers. Je me paye un galop grisant, fonçant à 20 nœuds, une vitesse que je n'ai pas connue depuis longtemps. Malheureusement, ce n'est qu'un feu de paille : au bout de trois heures, la furia retombe. À ce bref instant de plaisir succède le train-train à 3 nœuds. Ces sautes d'humeur sont le lot de la navigation en Méditerranée. Gagné par la monotonie, je m'endors au petit matin.

Bing ! Évidemment, je percute un chalutier... Je n'avais pas imaginé une telle collision possible. Il est au mouillage, ce qui explique que je n'ai rien entendu. Je le touche doucement, car je ne vais pas vite ; je glisse contre lui. La scène est étonnante, les pêcheurs me repoussent doucement, sans bruit. Ils ont vu que je dormais, on dirait qu'ils ne veulent pas me réveiller, respectant mon sommeil. Pas une injure, pas une invective, ils m'éloignent en silence. Réveillé brutalement, j'ai sursauté et je les ai à peine vus : tout est allé très vite. Ils étaient en train de relever des casiers. Avertissement sans frais, je prends conscience que je me suis habitué au bruit des cargos : je peux les détecter même en dormant, mon inconscient ayant développé une sorte de sixième sens. Seulement il existe bien d'autres obstacles en mer, la preuve. Méfiance !

Je scrute l'horizon mais n'aperçois pas d'embarcations surchargées de ces malheureux migrants affrontant des périls effroyables afin de fuir leurs pays en guerre. Je suis sur une route très nord alors qu'elles se tiennent plus au sud, au large des côtes libyennes.

Je pique vers l'Espagne. À partir d'Alicante, je retrouve un trafic maritime se densifiant jusqu'à Gibraltar. Le cauchemar recommence. Un énorme pétrolier arrive dans mon axe, ou c'est moi qui suis dans le sien. Le résultat est le même : je suis mal. Je dois bouger impérativement : sans vent, ma mobilité est réduite à néant. Je l'appelle en radio, pas de réponse. Je vois ses feux rouge et vert, bâbord et tribord, qui m'encadrent fixement, ils me foncent dessus à 15 nœuds. J'envoie une fusée rouge de détresse. Pas de réaction. Je dois absolument me sortir de là, sinon je vais me faire broyer. Dernier recours, je sors les pagaies et rame comme un fou. Mais dans quel sens aller ? À gauche, à droite ? Les feux m'arrivent toujours droit dessus. Je m'angoisse, la collision semble inévitable. Au pif, je choisis de passer sur le côté droit afin de rester tribord amure, c'est-à-dire prioritaire, ce qui ne veut rien dire face à un monstre de 300 000 tonnes mettant 10 kilomètres à s'arrêter. La manœuvre m'amène à quelques mètres de son étrave et mon spi me fait dériver vers le tanker. Je le largue en catastrophe, il va s'accrocher à la paroi de la coque haute comme une maison. Ouf ! Je ne suis pas passé dessous, mais il m'a frôlé. J'ai senti sur mon visage le souffle de l'aile de la mort. J'aurais pu démâter, être disloqué ou pire encore. Le pétrolier géant est passé sans me voir, insensible et aveugle. Mon adrénaline est montée en flèche ; je dois me remettre de mes émotions.

La vision au loin de Gibraltar le lendemain me réconforte et m'émeut. Elle est le signe que je ne vais pas tarder à recroiser mon sillage aller dans l'Atlantique quitté un an et demi plus tôt. La maison se rapproche, ce n'est plus une chimère.

J'attaque le passage du détroit de Gibraltar au milieu d'un après-midi. Je ne suis pas dans le bon sens du courant qui s'inverse avec la marée. Inutile de m'époumoner à contre-courant ; je décide d'attendre la renverse en m'arrêtant quelques heures à Gibraltar. Je cherche un petit mouillage au fond de la baie au pied du rocher. Le paysage est très beau. Les vents jouent au yo-yo, passant de 0 à 30 nœuds comme un rien. Le corps mort auquel je m'amarre dérape. J'avise non loin un bateau français et demande aux propriétaires l'autorisation de m'accrocher à leur arrière. J'ai la flemme de sortir la ligne de mouillage. Ils sont surpris en découvrant mon identité : ils suivent mon défi dans la presse et les réseaux sociaux. La renverse de la marée, je l'attends confortablement devant une assiette bien garnie, honorant sans bouder mon plaisir une aimable invitation à dîner, hasard des rencontres heureuses.

Deux heures plus tard, je remets à la voile, bénéficiant du bon horaire de la marée et du courant s'écoulant dans le sens de ma route vers l'Atlantique. La nuit est tombée. Au début le vent est modéré, une quinzaine de nœuds, mais les choses se gâtent devant Tarifa. La brise est montée à 60 nœuds ; la mer fume autour de moi. Je veux affaler la grand-voile afin de réduire la surface de toile, mais elle se coince – à la suite, je pense, des modifications effectuées à Malte. À force d'énergie, je parviens à la dégager en m'acharnant comme un malade, et le bateau termine à sec de toile. La violence du vent me surprend ; elle dure jusqu'au petit matin, me privant de repos.

Le détroit de Gibraltar est franchi le 8 juin. Je pénètre dans l'Atlantique sous un ciel d'un bleu très pur, loin de signifier le beau temps. La tempête reprend de plus belle. Les rafales à 60 nœuds me boxent sauvagement, acculé que je suis dans les cordes du ring. Je manque de chavirer à plusieurs reprises, d'un cheveu, les étraves prenant des angles inquiétants. Je compte au moins six plantages– les flotteurs enfoncés à l'avant dans les vagues, coques levées à 70 degrés. *Ma Louloutte II* s'est muée en cheval de rodéo. Il est temps de stabiliser l'affaire et de reprendre les rênes en sortant l'ancre flottante. Je suis obligé de la garder pendant six heures.

Mon intention est de rejoindre le cap Saint-Vincent, au sud du Portugal. La côte portugaise est très belle : les falaises blanches sont creusées de grottes, un paradis touristique. Les conditions sont redevenues maniables ; arrivé au cap Saint-Vincent, je mets le clignotant à droite, entamant la remontée vers la France et la dernière ligne droite.

Le 10 juin j'arrive à Cascais, charmant port très chic à côté de Lisbonne – une sorte de Deauville avec casino et villas altières. Cette station balnéaire est aussi la capitale du nautisme portugais, et j'y connais une voilerie sérieuse. Mon spinnaker a besoin de travaux de couture rendus nécessaires par le *mano a mano* avec le supertanker. Joignant l'utile à l'agréable, la halte me permet de m'octroyer une pause destinée à me remettre de mon entrée en fanfare dans l'Atlantique. J'en profite pour visiter le musée de la Mer et la tour de Belém d'où sont partis, aux XVe et XVIe siècles, les grands navigateurs découvreurs de continents, « comme un vol de gerfauts hors du charnier natal [...] ivres d'un rêve héroïque et brutal[1] ». Le pèlerinage est émouvant, ces hommes étaient encore plus audacieux et plus fous que moi : ils ne savaient pas où ils allaient. La planète restait à découvrir, le blanc de l'inconnu couvrait les cartes marines. Ils se sont partagé le monde.

Le tourisme a ses charmes, le bricolage aussi. Je me lance une fois de plus dans la réparation du pilote récalcitrant et décidé à me faire des misères depuis que je l'ai installé flambant neuf lorsque je suis reparti fin mars du Sri Lanka. Et dire que je croyais bien faire ! Je reçois une aide inattendue : dans le port de Cascais je tombe nez à nez avec un vieux copain perdu de vue depuis dix ans, le navigateur Éric Dumont, héros gouailleur de multiples aventures dans le Vendée Globe et la Route du Rhum. Nous passons une soirée bavarde à tirer des plans sur la comète et à parler du bon vieux temps. Solidaire, il se penche avec moi sur les états d'âme de mon pilote automatique. Cette étape technico-culturelle dure deux jours.

1. José-Maria de Heredia, *Les Conquérants*.

Je reprends la mer le 12 juin. Rien ne me presse à vrai dire, car mon arrivée officielle était prévue initialement le 13, date un peu juste pour tout organiser. Je me mets d'accord avec la ville de Ouistreham – connue pour ses plages magnifiques en Normandie – qui me parraine. La municipalité a décidé de faire de mon arrivée un événement majeur, une fête annonçant la saison d'été. Nous nous sommes mis d'accord sur le 23 juin, et je dispose donc d'un peu de temps devant moi. En me fiant à mon rythme habituel, une simulation me fait arriver le 20 juin. Plutôt que de freiner ma remontée, je considère plus sûr d'aller vite et d'observer une dernière escale d'attente avant d'en finir. Le sud de l'Angleterre devient mon objectif, je vais aller attendre à Torquay et je n'aurai plus que la Manche à traverser en quelques heures afin de rejoindre Ouistreham. Voilà le plan ! Pourquoi Torquay ? J'ai hésité avec Plymouth, mais j'ai appris que la Solitaire du Figaro, la légendaire course de voile, y fait escale au cours de cette période. J'ai quelques amis parmi les coureurs. Je redoute les parages du cap Finisterre au nord-ouest de l'Espagne, battu de tempêtes depuis un mois, mais le charivari s'arrête la veille de mon passage. Un boulevard s'ouvre devant mes étraves à travers le golfe de Gascogne. Seule fausse note : mon pilote automatique récidiviste décide de se faire porter pâle. J'envisage de faire demi-tour, n'étant qu'à 60 milles de la côte nord espagnole. La perspective me hérisse, je déteste revenir en arrière. J'arrime des sandows aux barres et je continue sans pilote, en gardant cependant la main dessus pendant trois jours, dormant par bribes de cinq minutes. Je tire une petite fierté de n'avoir rien lâché jusqu'au bout. Des dauphins m'accompagnent depuis le cap Finisterre. Toutes les heures, j'en vois apparaître un petit groupe d'une quinzaine autour de mon bateau jusqu'à ce que je m'aperçoive que l'un d'eux est blessé au flanc : ce sont donc toujours les mêmes qui viennent me voir. Malheureusement, je ne peux rien pour le blessé. Ils m'escortent jusqu'au raz de Sein, peut-être viennent-ils me dire au revoir, signifiant la fin de mon tour du monde. Un adieu à l'aventure qui s'achève.

J'arrive au petit matin à la hauteur de Penmarc'h. Une surprise m'y attend : un banc de brouillard m'enserre, preuve que je suis revenu au pays. Je n'en avais pas vu de tout mon périple. Je traverse le champ de cornes de brume mugissantes des chalutiers au travail et je me pointe à Torquay.

Je retrouve avec plaisir Adrien Hardy, un coureur de la jeune génération à qui j'ai mis le pied à l'étrier et qui commence à faire des étincelles. Nous dînons ensemble, nous buvons quelques bières, enfin moi, car lui ne boit que de l'eau. Ces jeunes sont différents de leurs anciens qui ne se privaient pas de faire la fête. L'organisation de la Solitaire m'invite à une soirée dans un château : pas un coureur ne danse, pas un ne boit, les enjeux pèsent de plus en plus lourd, gommant la fantaisie au profit du professionnalisme. À l'image peut-être de l'évolution de notre société. Quoi qu'il en soit, ce passage sur une grande compétition agit comme un sas de décompression.

Je repars le soir du 21 juin courir mon dernier bord, libéré des tensions qui résistaient encore. Parcours sans histoire, pluie fine au petit jour, fraîcheur, les tropiques sont loin. C'est l'heure de la gamberge : je pense à ma famille, à mon défi qui se termine… Quand pourrai-je naviguer de nouveau ? Un an et demi de ma vie prend fin dans quelques heures.

Au matin de la deuxième et dernière nuit, les safrans et les dérives de mon bateau se prennent dans un filet de pêche. C'est ballot ! Impossible de me dégager : je dois plonger, couteau entre les dents. Je me déshabille complètement. Ma combinaison est usée, j'ai peur qu'elle embarque de l'eau et me fasse couler en s'alourdissant. Je préfère tout enlever, mais c'est une torture : il fait froid, l'eau est à 12 °C, et l'air à 10 °C. Décidément, les tropiques sont bien loin ! Je suis violet et mets une heure à me réchauffer. C'est le dernier baroud !

Je longe les plages du débarquement au ralenti. En les regardant, j'ai une pensée pour les hommes qui, sous la mitraille, ont pris pied sur ces étendues sableuses, le 6 juin 1944.

Vers 8 heures, je hisse la grand-voile haute. Des vedettes de journalistes arrivent, objectifs photo pointés. Je les retrouverai tout à l'heure sur le quai devant les micros et les caméras ; je reconnais parmi eux beaucoup d'amis. À 10 heures, je suis au point de rendez-vous, à 10 milles à l'ouest de l'entrée du port. Une centaine de bateaux de plaisance se présentent en rafale, prêts à m'entourer durant les ultimes milles. Sur un petit catamaran de croisière, j'aperçois mes deux fils : quel plaisir ! Les parents, les amis, les copains, les sponsors, ils sont venus, ils sont tous là. Un drone me tourne autour à 10 mètres, certainement nécessaire pour les images. J'avoue qu'au début il me perturbe, puis je l'oublie, envoûté par la chaleur de l'accueil.

Je coupe la ligne d'arrivée – une ligne symbolique – à 11 heures. Mon odyssée autour du globe est terminée. Il me reste à savourer le plaisir d'avoir réussi, malgré toutes les embûches et les chausse-trappes. La foule sympathique et respectueuse qui se masse le long des écluses est plus nombreuse que je ne l'aurais cru. L'arrivée dont j'ai tant rêvé est devenue une réalité et me berce d'une douce euphorie. J'ai la joie de retrouver mon père, Charles – 82 ans –, ma mère, Suzanne – 75 ans – et mes enfants : je suis aux anges ! L'accueil des gamins des écoles qui ont suivi assidûment mon tour du monde est tout aussi émouvant : ils veulent tout savoir et sont intarissables de questions. Le maire de Ouistreham, Romain Bail, est tout sourire. Je lui suis reconnaissant de m'avoir soutenu, il a pris un risque. Après la défection de mon premier sponsor, la ville de Ouistreham est la vraie locomotive qui a entraîné mes nouveaux partenaires.

« J'ai voulu renouer avec la tradition maritime de Ouistreham qui s'était endormie », dit le maire.

Pari réussi dans une ambiance bon enfant. Je suis heureux de voir tout le monde heureux. Je parle à tous ceux qui me parlent, je réponds à tous, petits et grands, connus et inconnus. C'est un jour de gloire à ne pas manquer.

19

Le drame, le gouffre, la disparition de mon grand frère Laurent Bourgnon

La journée de mon arrivée est radieuse, illuminée d'un soleil resplendissant qui trône sur le grand bleu du ciel. Elle s'achève par une grande soirée au Casino, où je continue à marcher sur mon petit nuage. Une bonne nuit réparatrice ensuite, et je rentre à Paris : une copieuse tournée des médias m'attend. Le programme est chargé et minuté.

Le 25 juin, je suis sur une moto-taxi ; il est 7 heures du matin et je suis en route pour un studio de télévision où je dois être interviewé en direct dans l'émission matinale – ma première télé du jour. Soudain, mon téléphone portable sonne ; l'appel vient de Tahiti. On m'informe brutalement :

« Ton frère est décédé aux Tuamotu. »

C'est violent. Je suis choqué, sonné… Je demande au taxi de faire demi-tour et de me ramener chez l'ami qui m'héberge. J'ai besoin de me poser pour encaisser le choc. J'appelle mes parents au téléphone : ils sont à Cherbourg chez des amis, et je décide de les rejoindre sans attendre. Mon ex-femme Florence me conduit en voiture jusqu'à Caen, où un ami, Patrick Fabre, prend le relais.

Sur la route, j'apprends que Laurent est porté disparu : ce n'est plus la même chose ! Il a plongé le 24 juin, seul de son côté, alors qu'un groupe de plongeurs qu'il emmenait sur *Jambo*, son grand catamaran à moteur, a plongé avec un moniteur. Il n'est pas réapparu depuis 11 heures du matin heure locale, soit trente-six heures après mon arrivée. Mon sang ne fait qu'un tour : je dois partir à sa recherche ! Je ne peux pas rester là à ne rien faire alors qu'un courant l'a peut-être attiré au loin au fond d'une crique d'un îlot perdu. Je me raccroche à cet espoir. J'ai consulté les horaires d'avion et j'ai déjà mon passeport dans la poche. Je demande à Patrick s'il veut venir avec moi. Proche de Laurent, il est volontaire afin de m'aider dans les recherches ; il doit juste récupérer son passeport chez lui. Nous n'avons pas de sac, pas le temps ; nous partons avec ce que nous avons sur le dos. Il est 16 h 30 et nous sommes sur le parking d'un supermarché de Caen ; l'avion d'Air France décolle à 19 h 30 de l'aéroport Charles-de-Gaulle… Le suivant est dans vingt-quatre heures et chaque minute compte si l'on veut entamer des recherches.

À l'approche de l'aéroport, nous apprenons qu'une grève de taxis bloque l'accès sur l'autoroute. Nous larguons la voiture en vrac dans une rue et nous précipitons vers la station RER du Stade de France. Il est 18 h 15. Nous voilà dans le RER, sauf qu'au bout de trois stations il s'arrête, en grève à son tour. Le pire n'est jamais sûr, en tout cas ce n'est pas notre jour. Nous sommes à cinquante minutes du départ. Nous nous échappons en catastrophe. Dernière solution, faire du stop ! Nous nous plantons en travers de la route pour arrêter des automobilistes, les deux premiers nous prennent pour des fous, mais le troisième s'arrête. Nous lui expliquons la situation ; il a écouté les informations à la radio, il est au courant. Notre bon samaritain du volant nous emmène en rase-mottes, façon Fangio, à Charles-de-Gaulle. Nous lui devons une fière chandelle !

Air France aussi joue le jeu : nous sommes attendus au comptoir, et nos places sont réservées dans l'avion, pas de problème. Un détail cependant, il faut régler les billets, 6 500 euros pour deux. Ma carte de crédit ne passe pas, je n'avais pas prévu cette dépense. Celle de Patrick non plus. Tentant le tout pour le tout, il appelle sa banque, il est plus de 19 heures, elle est fermée. Contre toutes probabilités, sa banquière fait des heures supplémentaires et s'apprête à rentrer chez elle. Très vite elle comprend le topo et débloque le compte. On ne peut pas perdre tout le temps. Des journalistes sont venus m'interroger *in extremis* ; je leur réponds à la va-vite en espérant que la mobilisation aidera les recherches. L'avion a été un peu retardé pour nous attendre. Dès que nous sommes à bord, il prend la piste et décolle. C'est ce que l'on appelle un départ à l'arraché ! Le commandant de bord me fait dire que s'il a des nouvelles pendant le vol, il me les communiquera. Si j'avais raté le vol, je m'en serais voulu : arriver vingt-quatre heures plus tard à Tahiti n'aurait plus servi à grand-chose. Les recherches auraient été inefficaces.

Quand nous les débutons, il s'est déjà écoulé beaucoup de temps. Mais je connais les capacités de survie de mon frère : je sais qu'il peut tenir cinq à six jours. Je ne veux rien savoir d'autre. Dans ma tête se déroule une course contre la montre.

Une fois arrivé en Polynésie, je récupère *Jambo*, son grand catamaran à moteur, parfaitement adapté aux recherches. Je ne veux rien lâcher. L'équipage est composé de bric et de broc, avec un plus : tous sont des gens attachés à Laurent. Nous formons une équipe exceptionnelle qui ira au bout de ses forces sans rechigner, malgré le chagrin. Nous nous usons les yeux à scruter l'horizon en espérant apercevoir un signe. Je veux y croire. Je me dis que Laurent est un costaud et qu'il en a vu d'autres en vingt ans de compétitions à la voile au plus haut niveau, lui, le double vainqueur de la Route du Rhum qui a affronté par tous les temps les plus graves périls en mer et s'en est toujours sorti. Néanmoins, si les deux premiers jours de recherche ne donnent rien, les chances de retrouver quelqu'un disparu en mer tombent à 5 %. Je connais aussi cette statistique…

Le septième jour de recherche est un crève-cœur : nous avons exploré en tous sens les motus, les petites îles où aurait pu aboutir un courant, nous avons ausculté les plus petites criques, les récifs coralliens perdus… Mais nous devons nous rendre à l'évidence : la mer reste désespérément vide. Nous n'avons pas été les seuls à chercher Laurent, mais nous avons été les derniers.

Le convoyage retour de *Jambo* à Tahiti fut effroyable.

Même s'il n'avait existé qu'une chance sur mille de retrouver Laurent, il fallait que je la tente. Il m'était impossible de rester les bras croisés à attendre : je serais devenu fou. Si je n'étais pas parti à sa recherche, je n'aurais jamais plus vécu en paix.

Je vis un enfer ; il m'est impossible d'admettre sa disparition. Nous avons traversé tant de dangers ensemble dans les courses en double ou en équipage ! Il m'a passé le flambeau ainsi que son trimaran au palmarès exceptionnel quand il s'est retiré sous les cocotiers. C'est en son nom, au nom de mon frère, que j'ai entrepris ce tour du monde. Je voulais aller le voir en arrivant à la voile par la mer sur les traces des navigations familiales qu'enfants nous avions adorées. Une période heureuse qui a décidé de notre vie. La joie de l'avoir retrouvé à Tahiti à mi-parcours de mon défi est inaltérable. Sa disparition me laisse un vide immense, une partie de moi-même a disparu avec mon grand frère.

Qu'a-t-il pu se passer ce triste matin du 24 juin aux îles Tuamotu ? La question tourne et retourne dans ma tête. Contrairement à ce que les apparences laissaient supposer, Laurent Bourgnon, le surdoué dompteur des océans au palmarès exceptionnel, ne s'était pas assagi en se retirant avec femme et enfants sous le soleil de Tahiti. Il avait seulement changé de passion. Avec son grand yacht à moteur, il organisait des stages de plongée au charter dans des endroits paradisiaques. Lui-même s'était entiché de ce sport au point de pratiquer la plongée extrême ; il plongeait avec des fondus, champions du monde de profondeur, qu'il effrayait parfois par ses audaces. Laurent aimait descendre seul, et c'est ce qu'il a fait ce jour-là : de plus en plus bas, en dépit des risques d'accidents de plongée et des courants qui peuvent entraîner très loin. Un plongeur normal avec des bouteilles descend entre 30 et 40 mètres, mais mon frère avait largement dépassé ce stade. Il était resté un compétiteur dans l'âme et s'était donné de nouveaux challenges. Il descendait à 145 mètres avec de simples bouteilles d'oxygène, et peut-être tentait-il de descendre encore plus profond, de gagner quelques mètres. Son histoire, c'est celle du *Grand Bleu*, le célèbre film, et de l'attirance de son héros pour les profondeurs. Il avait besoin des poussées d'adrénaline lui permettant de se sentir vivre plus intensément en plaçant sa vie dans la balance. Il était fasciné par les mystères des profondeurs. Laurent aurait aimé être un dauphin.

Si j'avais appris cette terrible nouvelle pendant que j'étais encore en mer, j'aurais tout laissé tomber. Mon frère me laisse seul, sa disparition va changer ma manière de concevoir l'avenir. Je vais abaisser le curseur des risques que je suis prêt à prendre : pour mes enfants, pour ma famille. Suis-je sincère envers moi-même en affirmant cela ? Je pense déjà à mon prochain défi… J'ai très envie de m'attaquer au record du tour du monde à l'envers en multicoque, ce qui n'a jamais été fait. Les premières m'attirent. La réussite de mon défi autour du monde en catamaran de sport, jugé dément par beaucoup, me rend très heureux. Personne ne peut m'empêcher de penser cependant que j'en suis revenu alors que j'ai frôlé dix fois la mort, tandis que Laurent vivant auprès de sa famille a disparu.

Il était plus qu'un frère.

Remerciements

Les sponsors : Atlantis Télévision, la ville de Ouistreham Riva-Bella, June Partners, le port de Caen, En Avant Toute.ch, le club des entreprises de Ouistreham Riva-Bella, CCI Caen Normandie, Valruz Création, Deauville Sailing Club ;

Les trois cent trente contributeurs de la campagne de crowdfunding Fosburit ;

Les partenaires techniques : Forward Sailing, Spinnaker One, chantier naval Shoreteam et V1D2, Cousin-Trestec, Profurl, Wichard, Theobora, Julbo, Voyager, Sierra Echo, Boero, MPO, Geolink, Feelfree, Tecmar, Caen Batteries, Akammak, chantier Alizé Composites, Serra Marine, Société Générale Ouistreham, Composit Patch, Karver, club de voile du Touquet, Fosburit, chantier naval JPS, Tecknisolar, école de voile de Porticcio ;

Les partenaires médias : la chaîne de télévision Voyage, salle de presse.com, Merapi Production, Presspartner, flye me, Virtual Regatta.com, Jean-Michel Meyers design, Pure Impression, Geovoile, Si Web Gestion, Sophie Kamoun Communication, Jean Capdevielle ;

Les amis qui ont participé au défi :

Arnaud Raymond, Olivier Mayer, Bruno Papin, Elodie Verrier, Sophie LeMaignan, Jean Marie et Marie-

Francoise Decarnin, Nicolas à Raiatea, Tintin de Raiatea, les Suisses rencontreés à Panama, Roland et Jocelyne, Odile et Philippe Bidault, Caroline Sauvage, Patrick Fabre, Marie Julie Dagnaux, Alex Schneiter, Yvan Ducrot, Claude Berger, Dominique Lemamceau, Chantal Darnajou, Denis Tisserand, Cécile Perroud, Pierre Guyot, Alexandre Barthelemy, Arnaud Boissière, Jacques Roudaut, Barbara Fontaine, Matthieu Lepine ;

Cyril Renouard, Caroline Pericard, Cédric Pericard, Thomas Voillaume, mes parents Charles et Suzanne, Charlotte Vignon, Erik Gaborieau, Florence Lapaque, Denis Danan, Stéphane Blanchard, Christian Bex, Christian Erard, Olivier Bourgnon, Claudine Morcus, David Salle, Didier Corfec, Didier Golay, Dominique Gauthier, Dominique Lair, Siegfried Levailler, Eric Proust, Francis Ferrari, Franck Courvoisier, Franck Tiffon, François Meyrier, Frédéric Houzelle, Jacques Vincent, Jean Philippe Lefeve, Joris Cocaud, Lalou Roucayrol, Maeva Sydney, Marc Cheli, Marko Crnovrsanin, Marjorie Hivet, Martine Ravry, Alain Barillu, Nathalie Colloud, Olivier Felix, Pascal Bouche, Nicolas Peitrequin, Quentin de Monegier, Richard Haladjan, Romain Bail, Simon Chevallier, Tanguy Brodu, Thierry Lambot, Thierry Pamies, mes enfants Timothée et Mathis, Valerian Morzadec, Vincent Demesnard, Yann Petremand, Olivier Gagliani.

Table

N° d'édition : L.01EBNN000336.A005
Dépôt légal : janvier 2016
Cet ouvrage a été mis en page par IGS-CP
à L'Isle-d'Espagnac (16)
Achevé d'imprimer en février 2017 en Espagne par Liberdúplex